JN042370

ヤングケアラーって
なんだろう

澁谷智子 Shibuya Tomoko

★――ちくまプリマー新書
402

はじめに

「ヤングケアラー」とは、家族にケアを必要とする人がいるために、本来大人がすると想定されているような家事や家族の世話などを行っている18歳未満の子どもや若者を指す言葉です。

ヤングケアラーは、慢性的な病気や障害、精神的な問題、高齢や幼いといった理由で看護や介護や見守りなどを必要とする家族の世話をしています。毎日の食事の用意や後片付け、洗濯、ゴミ出し、買い物、きょうだいの世話。ケアの必要な家族の話を聞いたり、元気づけたりするなどの感情面のケア。中には、病院への付き添い、救急車への同乗、自宅での経管栄養のケア、薬の管理、金銭管理をしている中高生もいます。

未成年の子どもがこうした家族のケアをするということは、これまで日本では「美談」と捉えられてきました。確かに、ケアをすることは大変であっても、自分が家族の役に立っていると感じ、家族の絆《きずな》が強まったと思っているヤングケアラーもいます。また、ケアを担うことを通して、年齢の割に高い生活力を持つようになったり、タイプの異なる複数の作業を同時に進めるマルチタスク力が磨かれたり、トラブル対応がうまくなったり、人の話を聞くのが上手になったりして、ヤングケアラーが身につける力もあると言われています。

しかし、ヤングケアラーが、誰からのサポートも得られないまま、その年齢にしては重すぎるケアの責任や作業を長年にわたって担っていると、その生活にマイナスの影響が出てきてしまうこともあります。

遅刻や欠席をしてしまう、宿題や課題が期限に間に合わない、良い成績が取れないなど、学校生活への影響が出ることもあります。友達づきあいや部活や趣味などに充分に時間を使えなかったり、感情的にも身体的にも疲れていたり、身近にケアのことを話せる相手がほとんどいないと孤独を感じたりすることもあります。毎日のケアに追われる中で、自分の健康や将来について考える余裕のない人もいます。いろいろなことが積み重なって、自己肯定感が低くなってしまう人もいます。子どもや若者にとって、その年齢でしかできないことというのは確かにあって、後になって「もうあの時は戻ってこない」と感じる元ヤングケアラーもいます。

この本では、子どもがケアを担うことの背景には何があるのか、なぜ今になってヤングケアラーが注目されるようになったのか、自治体や国が行っているヤングケアラー実態調査から何がわかるか、ヤングケアラーはどんな体験をしているのか、ヤングケアラーの相談にのれるのはどんな人で、それがどんなサポートにつながるのかなどを、見ていきたいと思います。

目次 ＊ Contents

第3章 ヤングケアラーが語る自身の経験

第1章

「ケアする人」のケアへの注目

今の制度ができあがった背景

今の日本の制度は、いつ頃できたのか。そう考えたことはありますか？

たとえば、小学校・中学校の9年間が義務教育となって、そこに子どもが通うことが当たり前になったのは、今（2022年）から75年前のことです。第二次世界大戦が終わって、アメリカ教育使節団のアドバイスを受けながら教育基本法と学校教育法が作られ、現在に続くような教育の仕組みが整えられました。

生活を守るための生活保護法、親を失った子どもをサポートする児童福祉法、戦争で負傷した兵士を支援する身体障害者福祉法などの福祉に関わる制度も、戦争が終わって間もない1940年代後半に作られたものです。多くの都市が焼け野原になってしまったところから、まずは優先順位の高い順番でこうした制度が作られました。

その後、日本は高度経済成長期を迎え、その経済的余裕を背景に整備されるようになったのが、高齢者、母子家庭、知的障害者などに関する制度です。はじめての東京オリンピックが開かれた１９６４年頃には、女性の平均寿命は72歳、男性の平均寿命は67歳で、多くの人は20代で結婚し、子どもを２人程度産み育てるのが一般的と考えられていました。お父さんが稼ぎ手となって家族を経済的に支え、お母さんは専業主婦として家事や育児、介護などを担うことが想定されていた時代でした。お父さんは一生懸命仕事をし、お母さんは家や地域を居心地よくし、子どもは勉強を頑張ることで、家族も社会も成長していくと信じられていました。

「人口ボーナス」から「人口オーナス」へ

人口に注目してみると、この高度経済成長期を支えたのは、社会の人口構造が変わっていく過渡期に1回だけ起こるとされる「人口ボーナス」だったということになります。「人口ボーナス」とは、その社会の総人口の中で、15〜64歳にあたる〝働く人〟の割合が高まることを言います。

社会がだんだん豊かになっていくと、乳児死亡率は下がって、たくさん産んでたくさん死んでいた「多産多死」から、少なく産んで少なく死ぬ「少産少死」に移っていきます。この移行のプロセスの中で、まだ「多産」なのだけれども乳児死亡率は下がるという「多産少死」の時期が1回だけ経験されます。その頃に生まれた人々が育って働くようになると、社会における〝働く人〟の比率が高まります。しかも、まだ高齢者の割合は高くないので〝働く人〟が支えなければならない人口もそんなに多くはありません。

この「人口ボーナス」の時期に日本は高度経済成長を経験し、そのゆとりを背景に、みんなが割と安価に医療を受けられる「国民皆保険」や、働けない時の所得を保障する「国民皆年金」などの制度が整えられました。

しかし、その後、社会が少子化していき、数多くいた〝働く人〟たちが〝高齢者〟となり、少子化世代の人たちが〝働く人〟になると、「人口ボーナス」とは逆の事態が起きてきます。「人口オーナス」という、総人口における〝働く人〟の割合が低い状況となるのです。

日本では、1950年から1970年頃までは「人口ボーナス」の時期でしたが、1

990年代から「人口オーナス」の時代に突入しました。人手が足りていて、支えなくてはいけない人が少ない「人口ボーナス」の時期に比べ、「人口オーナス」の時代は、人手不足で、なおかつ支えなくてはいけない人が多い時代です。

しかも、「人口ボーナス」は一時的な現象ですが、「人口オーナス」は少子化が止まらなければずっと続くと言われています。こうした「人口オーナス」を経験する中で、日本の社会はどう変わっていったでしょうか？

ケアを必要とする人は増えているのに人手は減っている

まず、危機が実感されたのは、経済の領域です。〝働く人〟の人口が少なくなる中で、女性も高齢者も賃金労働をすることを推奨されるようになりました。実際、共働きは増え、65歳を過ぎても70歳まで働けるようにする環境作りが進んでいます。

このように大人が労働市場に駆り立てられていく一方で、家族や家庭の領域は、以前に比べてかなり細ってきてしまいました。家庭を作ったり、家庭を居心地よくメンテナンスしたりすることは後回しにされ、若者の晩婚化や晩産化が進んでいます。結婚や子どもを持つこともみんなが経験するライフイベントとはみなされなくなり、結婚した夫婦も育てる子どもの数を減らしています。一世帯あたりの平均人数は1953年には5人でしたが、2020年には2・21人と、半分以下になりました。

家の人手が減っているだけでなく、大人が家のことに使える時間数も減っています。2016年の国の調査では、夫婦合わせて「家庭にかける時間」は、子どもがいる専業主婦世帯で8時間46分、子どもがいる共働き世帯で5時間40分と報告されています。この「家庭にかける時間」とは、具体的には「家事」「介護・看護」「育児」「買い物」などに携わる時間です。高度経済成長期の頃にうまく機能した「男性は仕事、女性は家事育児」という性別役割分業は、女性の労働市場への進出が進むにつれて、「男性は仕事、女性は仕事と家事育児」という分業になったと言われてきましたが、そうした中で、女性も家庭にかける時間を減らしています。

一方で、医療の進歩や生活水準の向上により、日本人の平均寿命は世界トップレベルで伸び続けています。２０２０年の日本人の平均寿命は、女性が87・７４歳、男性が81・６４歳です。ちなみに、日本人の平均寿命が初めて50歳を超えたのは、１９４７年のことでした。１９４７年の時点での平均寿命が、女性53・９６歳、男性50・０６歳だったことを考えると、70年ほどで30歳以上平均寿命が伸びたことになります。

ただ、長生きできるようになったのは良いことですが、介護を受けることなく日常生活を送れる健康寿命のほうは、２０１６年の時点で、女性74・７９歳、男性72・１４歳と、平均寿命よりもそれぞれ10年ほど短い状況にあります。人生の最後にはケアを必要としながら生きる10年があることを、多くの人が認識するようになりました。

これらのことをまとめると、ケアを必要とする人は多くなっているのに、働く年齢層の人々が家庭にかけられる時間や人手は減っている、という状況が構造的に起きていることがわかると思います。

日本社会が比較的余裕のある時に作られた制度は、ケアを必要とする人を中心に作られていました。２０００年から施行された介護保険制度でさえ、その目的は、高齢者の自立支援であり、家族が介護の担い手となってそうした高齢者の自立を支えることが暗黙の前提として組み込まれていました。

役割過多に陥る現代人

社会の人口構造や経済状況の変化に比べて、「家族」に関する人々の意識は変化が遅れがちです。「家族」のイメージは、親にとっての〝当たり前〟が子どもに引き継がれる面もあり、実はそこに30年ほどのギャップがあるということが見落とされてしまうのです。

共働きが増えることによって、女性は職場で求められる役割が増え、男性も家庭でこれまで以上に家事や育児や介護に関わることが求められますが、周囲の期待や、自分が持っている「家族」のイメージもあるため、従来の伝統的な役割をそう簡単に捨て去るわけにはいきません。

すると、自分では意識しないうちに「役割過多」の状況に陥りやすくなります。つまり、使える時間や体力や気力に対して、役割を多く抱えすぎてしまい、役割と役割の間で葛藤が起きやすくなります。仕事や学校のこと、自分の治療……さまざまなことに時間とエネルギーを振り分けなければならない中で、無理をしてしまい、さらに余裕をなくしてしまう人もいます。自分も病気などを抱え、ケアを必要としながら家族の世話をしている人もいます。

ひとり親家庭にのしかかるひずみ

特に深刻なのは、ひとり親家庭の問題です。日本のさまざまな制度は、お父さんが一家の大黒柱として家族を経済的に支え、お母さんはパートなどで補助的に働きながら家事や子どものことをするというイメージで作られてきました。そのひずみがひとり親家庭にのしかかっています。本来なら二人でやると想定されている役割を、ひとり親は一人で行わなければなりません。

子育て期の女性は、子どものケアがあるために非正規雇用という形態で働かざるを得ない人も少なくありません。そもそも女性の賃金が安いという問題もあります。シングルマザーの8割が働いているというのは国際的に見ても極めて高い比率ですが、母子世帯の平均年収は２０１５年で３４８万円。子どものいる世帯の平均年収７０７・８万円の半分にも届きません。父子家庭は母子家庭に比べると経済的には余裕があるように見えますが、それでも父子世帯の平均年収は５７３万円で、子どものいる世帯の平均年収の8割ほどの年収になります。

お金だけでなく、家庭にかけられる時間という面でもひとり親家庭は厳しい状況に置かれています。２０１６年の国の調査では、子育てをしているひとり親の家事関連時間は、女性で3時間59分、男性で1時間9分と報告されています。子どものいる共働き家庭の5時間40分、子どものいる専業主婦家庭の8時間46分に比べて、どれだけ短いかがわかると思います。日本のひとり親家庭への施策は、親が子どもといられる時間を確保できるように作られてこなかったのです。

軽んじられてきた「再生産」

人間の人生というものは、生まれてから自分で生活していけるようになるまでも、年を取って自分一人では生活できなくなってからも、誰かのケアを受ける期間が長くあります。今の日本社会で言えば、自分で生活できるようになるまでに約20年、人生の晩年に約10年、誰かに支えてもらう時期があると言えるでしょう。

このように、ケアを受けることも、ケアをすることも、多くの人が経験することであるにもかかわらず、経済や社会の側はケアをすることやケアされることをカウントに入れず、仕事だけにエネルギーや時間の大半を使う働き方が主流となってきました。しかし、それは、「人口ボーナス」期の余裕のある時代にうまく機能した性別役割分業に支えられた男性の働き方だったということに、今、多くの人が気づきつつあります。

ケアというものを組み込んで働けるようにしていかないと、おそらくは、誰も子どもを持てなくなってしまいます。今のシステムでは、子どもを持つことが時間的にも体力的にも経済的にも資源を奪うことであるかのように見えていて、実際、余裕がない時には、子どもを持つことが「贅沢《ぜいたく》」であるかのように捉えられる面もあります。こうした社会である限り、少子化に歯止めはかからず、「人口オーナス」期がずっと続くことにもなります。

国立社会保障・人口問題研究所が2015年に行った調査では、独身者調査と夫婦調査がなされていますが、8752人の独身の回答者のうち、男性の85・7％、女性の89・3％が、いずれ結婚しようと考えていました。また、夫婦に尋ねた調査では、持ちたい子どもの数は2・32人となっていました。子どもを持ちたい理由は、「子どもがいると生活が楽しく豊かになるから」を選択した人がもっとも多かったようです。しかし、持ちたいと思う子どもの数に比べて、実際に持つ子どもの数が少なくなる理由は、「子育てや教育にお金がかかりすぎるから」が圧倒的に多い結果となりました。

ケアを組み込まない働き方が〝規範〟と長く捉えられてきた社会において、人が働けるようにするためのメンテナンスを実は家庭や家族に頼ってきたということが、いよいよ家族が弱体化してそれを支えられないことが出てくる中で、ようやく認識されるようになりました。

かつての日本では、栄養ドリンクのＣＭで「24時間戦えますか？」というキャッチフレーズが使われるなど、タフに働くビジネスマンのイメージが肯定的に捉えられていましたが、人は誰も、24時間フル回転で働き続けることはできません。良い仕事や成果を出すためには、食事や睡眠を取ったり、身体や服や空間を衛生的に保ったり、食料やトイレットペーパーやシャンプーなど必要なものを手に入れてゴミを排出したりして、体調や環境を整えて集中できるようにすることが大切になってきます。今日働いた人が、翌日も働いていくためには、疲れを取り、栄養を補給し、意欲を持てるような状態にまで回復することが不可欠なのです。

目に見える成果を出していく「生産」の領域に対して、こうした裏方のメンテナンスは「再生産」と呼ばれます。この「再生産」は、日々の労働力のメンテナンスだけでなく、次世代の労働力を育てるという意味も含まれます。つまり、家事や育児が、日本の経済を支える「再生産」の領域となっているのです。

しかし、こうした「再生産」の領域は、日本社会では「生産」の領域に比べて関心を向けられることが少なく、個人の問題として捉えられ、家庭に丸投げされることが長く続いてきました。「人口オーナス」の問題が認識されるようになっても、まずは、労働市場の働き手を増やすということが重視され、人々が家庭で使う時間やエネルギーや家庭の人手が減って「再生産」の領域に何が起こるかということは、後から気付かれた形になります。

見えてきた「ヤングケアラー」という問題

これまで、家庭には余力のある人がいることを前提に、ケアされる人を中心に考えられてきた制度も、ここに来て、「ケアする人」をどう支えるかという仕組みが重要であることが認識されるようになりました。そうしないと、ケアしている人まで共倒れになってしまう、次世代が育たないということが、現実感を持って迫ってくる事態になってきたからです。

本来は大人にサポートされる存在とみなされている子どもや若者であっても、その年齢に合わないような責任を負って家族のケアを担っているという「ヤングケアラー」という概念は、1990年代のイギリスで広まりました。

1995年にイギリスで全国的に行われたヤングケアラー実態調査は641人のヤングケアラーを分析していますが、その報告書では、これから先、ヨーロッパの国々では、高齢者の増加、世帯人数の減少、家族という単位の不安定化（ひとり親家庭の増加や、再婚等による再構成家族の増加）といった傾向が続く中で、子どもがケア役割を担わざるを得ない状況は増えていくだろうと論じられています。

こうした傾向は日本でも見られますし、長時間労働の慣習や非正規雇用の経済的不安定さはヨーロッパよりも深刻です。ヤングケアラーについては、日本でも2000年頃から研究者たちが紹介していましたが、2014年頃からはメディアでも取り上げられるようになり、だんだんと、社会で知られるようになってきました。

持続可能な社会を目指して日本の社会制度をどう修正し、新たにどう作っていくかを考える中で、ヤングケアラーは無視できない事柄と認識され、さまざまな自治体や国が調査やサポートをしていこうとするようになりました。「ヤングケアラー」という言葉がここまで知られるようになってきたのは、教育、医療、福祉、行政、司法、メディアなどのさまざまな領域で、大人がケアの問題を深く考えてこなかったことのしわ寄せが子どもや若い世代にいっていることを痛感し、自分にできることを最大限しようとする人たちが動いた結果でもあります。

ヤングケアラーの問題は、見ようとしなければ見えてきません。家庭の領域は社会からは見えにくく、子どもは自分の家族の生活を当たり前に捉えていたり、恥ずかしくて言えないと思っていたり、何が問題なのかを言葉にするのが難しかったりして、自分から発信することが難しい構造にあります。

そうした中でも、これまでの調査を通して、少しずつ見えてきたことがあります。次の章では、ケアを担う子どもや若者がどれぐらいいるのか、どんな経験をして、どんな思いを抱いているのかを見ていきたいと思います。

第2章

実態調査から見えてくること

家族の世話をしている中高生の割合

知りたいことを知るためには、それが見えてくるような質問を設定することが大切です。最初のうちは、そうした質問もなかなか思いつきません。「この質問をすると効果的」というのがわかってくるのは、その事柄にかなり関わってからになるのではないかと思います。

たとえば、ヤングケアラーの状況を明らかにするための調査を行うとしたら、何を確認することが必要になってくるでしょうか？　私が日本でヤングケアラーの調査を始めた時も、アンケート調査で何をどう聞けばいいのかまだわかっていなくて、ヤングケアラー支援が進んでいるイギリスの過去の調査を見ながら試行錯誤していました。

この章では、ヤングケアラーの置かれている状況を知るためには、何を確かめる必要があるのかを考えていきたいと思います。

まず、子どもや若者が家族の世話をしている実態があるのかどうかは、必ず確認しなくてはいけない事柄です。たとえ病気や障害のある家族と一緒に住んでいても、それだけで子どもがケアを担うことが起こるわけではありません。

イギリスのガイドラインなどでは、「親の病気や障害は、子どもがケアを担う状況を引き起こす可能性があるきっかけとしてのみ見られるべき」とされ、「普通、ヤングケアリングは、病気や障害のある大人が親としての役割を果たすことへの支援において、適切な医療や福祉のサービスがなかったり効果的でなかったりする場合に起こります」と書かれています。[1] 充分なサービスが使えたり、必要な時に充分なサポートをしてくれる人が他にいたりすれば、子どもや若者がケアを担わないこともあるのです。

実際、家族の中に、家のことを中心的に担う人が1人いると、他の家族はその人の働きを当てにして補助的に手伝うという形になりがちです。同じ家族の中で、「お兄ちゃ

1 Young Carers Research Group, 2013, YC-QST-20 Guidance: Notes for Researchers and Health, Social Care and Education Professionals, Loughborough: Loughborough University.（日本語翻訳版は http://youngcarer.sakura.ne.jp/b-ycqst20-ja-descrip.pdf で閲覧可能、２０２２年２月19日閲覧）

んはヤングケアラーだけれども弟はそうではない」とか「お姉ちゃんは以前はヤングケアラーだったけれども今は仕事優先で、今は妹がヤングケアラー」といった状況が見られることもあります。そのため、病気や障害のある家族と一緒に住んでいたとしても、子どもや若者がその家族の世話をしているのかどうかは確かめる必要があります。

２０２０年から２０２１年にかけて厚生労働省が行ったヤングケアラー実態調査では、この確認は「家族の中にあなたがお世話をしている人はいますか。（ここで「お世話」とは本来大人が担うと想定されている家事や家族の世話などをすることです。）」という質問として組み込まれました。[2]「いる」「いない」のどちらか１つを選ぶ問題で、調査では、回答した中学２年生の17人に１人、全日制高校２年生の24人に１人が、家族の中に自分が世話している人が「いる」と答えた結果となりました。これほど多くの中高生が家族の世話をしていると答えたことは大きな衝撃をもって受けとめられ、この結果は、ＮＨＫの７時のニュースや新聞の一面記事でも取り上げられました。

ケアをされているのは誰か

子どもがケアをしている相手が誰なのかという点も、ヤングケアラーを調査する時に明確にしなくてはいけない点です。家族の中だと、ケアの受け手として「お母さん」「お父さん」「きょうだい」「おばあちゃん」「おじいちゃん」「その他」といった項目が浮かびます。でも、これも、「父母」や「祖父母」とまとめていいのか、「きょうだい」は「兄」「姉」「弟」「妹」に分けて年齢関係を見るべきなのか、迷うところが出てきます。私としては、「お母さん」「お父さん」「おばあちゃん」「おじいちゃん」は分けて見ていったほうが、子どもがケアをしている具体的な状況がより見えやすくなると今では感じています。日本の調査でも海外の調査でも、子どもが世話をしている相手として多く挙がるのは「お母さん」で、それに比べて子どもが「お父さん」を世話している比率

2 三菱UFJリサーチ&コンサルティング（2021）『令和2年度 子ども・子育て支援推進調査研究事業 ヤングケアラーの実態に関する調査研究 報告書』資料編11ページ。

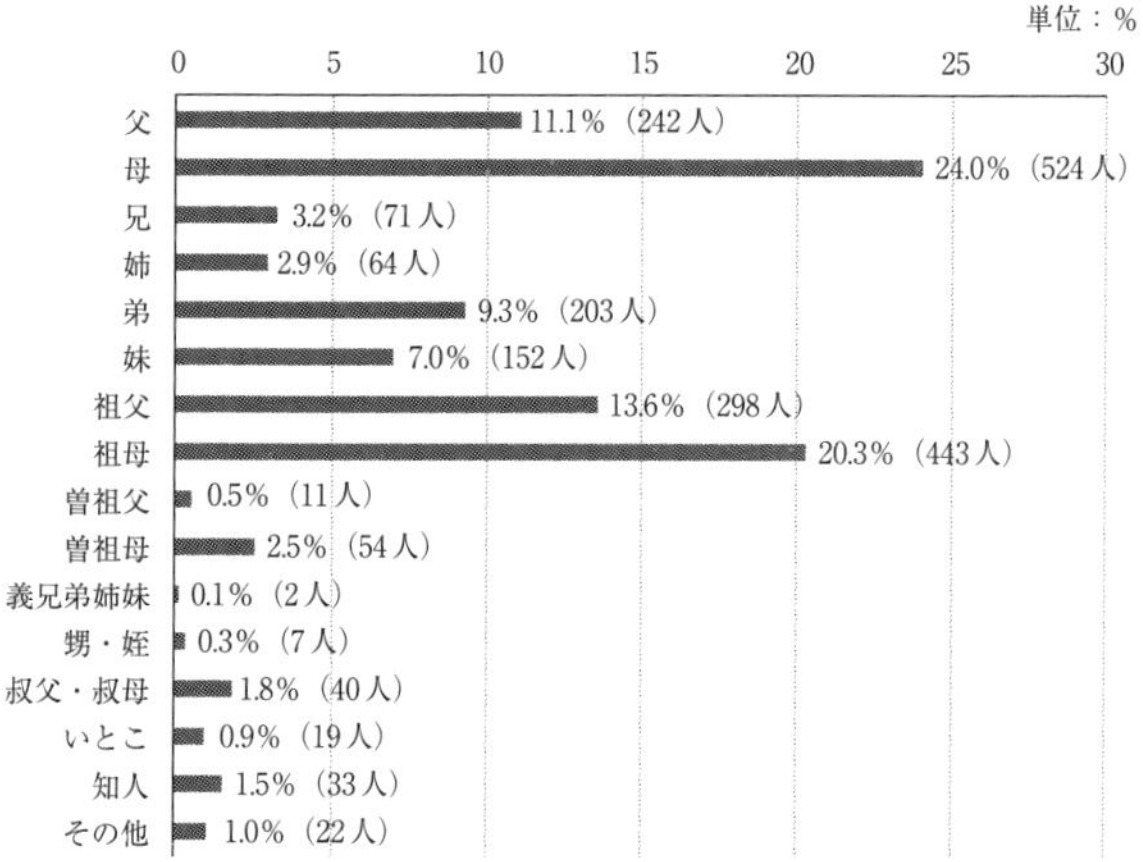

図1　ケアを必要とする人とヤングケアラーとの関係（被介護者数2,185人における割合）

はかなり低くなるという傾向があるからです。

たとえば、２０２０年の夏に埼玉県で県内すべての高校２年生約５万５０００人を対象として行われたヤングケアラー実態調査では、ケアの受け手は「母」が24％、「祖母」が20・３％とそれぞれ20％を超え、それに対して「父」は11・１％、「祖父」は13・６％でした（図1）。子どもが家族の世話をするのは、ケアの担い手と想定されてきたお母さんやおばあちゃんがケアを必要とするようになった状況で起きやすくなっていることがわかります。

お母さんやおばあちゃんが家のことができなくなると、家事や家族の世話をする役割が子どもや若者にまわってくるのはなぜなのでしょうか。このあたりの構造を少し掘り下げて考えてみる必要があるかもしれません。

お父さんが外で働き、お母さんが家のことをするという分業がはっきりしていた家庭では、お父さんはもともと家で過ごす時間が短く、ケアの全体像を把握していないことがあります。洗濯や買い物や料理、ゴミ出しやお弁当作り、子どもの学校のことなどにお母さんがどれぐらいの時間と手間をかけていたのか、お父さんは具体的にイメージできていないことも珍しくありません。その状態でお母さんが病気になっても、お父さんは「家のことは家にいる子どもがするのが当然」という感覚を持っていたり、そもそもどういう家事があるのか気づかなかったり、家にいなかったりして、結果として子どもが家事や家族の世話をせざるを得ない状況が多く出てくるように思います。

また、注目したいのは、ひとり親家庭などにおいては、おばあちゃんも家事や育児を担う戦力として大きな役割を果たしていたケースが少なくない点です。お父さんやお母さんが家の外で仕事をして賃金を得ている場合、おばあちゃんが食事作りや洗濯や子どもの世話などをしていることもあり、そのおばあちゃんが倒れて動けなくなると、家事は子どもが担う形になりやすいようです。

子どもは、家族を支えたいと思って自分から家のことをする場合もありますが、他に選択肢がなく、ケアを担わなくてはならない状況に追い込まれることもあります。大人が家の外で仕事をし、家族を経済的に支えている状況では、大人のように働いて稼げない子どもや若者は、家で家事や家族の世話をして貢献することを求められやすい構造にあるのです。経済的なことが優先される感覚はそれぞれの家庭の中にもしっかり根付いていて、大人のように外で稼ぐことができない子どもが必要に応じて「裏方」をするのは「仕方ない」と考える親も多いのでしょう。裏を返せば、日本は子育て世代の大人がそれほど追い込まれている社会であるとも言えます。

子どもが誰をケアしているのかに関して、厚生労働省のヤングケアラー調査では、想像以上に「きょうだい」のケアをしている中高生が多いという実態も示されました。たとえば「世話を必要としている家族」として「父母」を挙げたのは中学2年生の23・5％であったのに対して、「きょうだい」を挙げたのは61・8％にものぼります。全日制高校2年生でも、世話を要する家族として「きょうだい」が44・3％を占めた一方で、「父母」は29・6％でした。

しかも、「きょうだい」を世話している中高生はほぼ毎日世話をしており、平日に世話に費やす時間は平均4・4時間となっています。「時間的余裕がない」ときつさを感じている割合が父母や祖父母を世話している場合に比べて高いことも明らかになりました。その「きょうだい」がどういう状況で世話を必要としているのかについては、「幼い」という理由が突出して高く、7割を超えていました。

先ほど紹介した埼玉県のヤングケアラー調査（図1）でも、実は、「兄」「姉」「弟」「妹」を足すと「兄弟姉妹」は「母」に次ぐ2位（22・4％）となり、「祖母」よりも多くなります。「兄弟姉妹」が世話を必要とする状況は、「幼い」が38・0％、「発達障

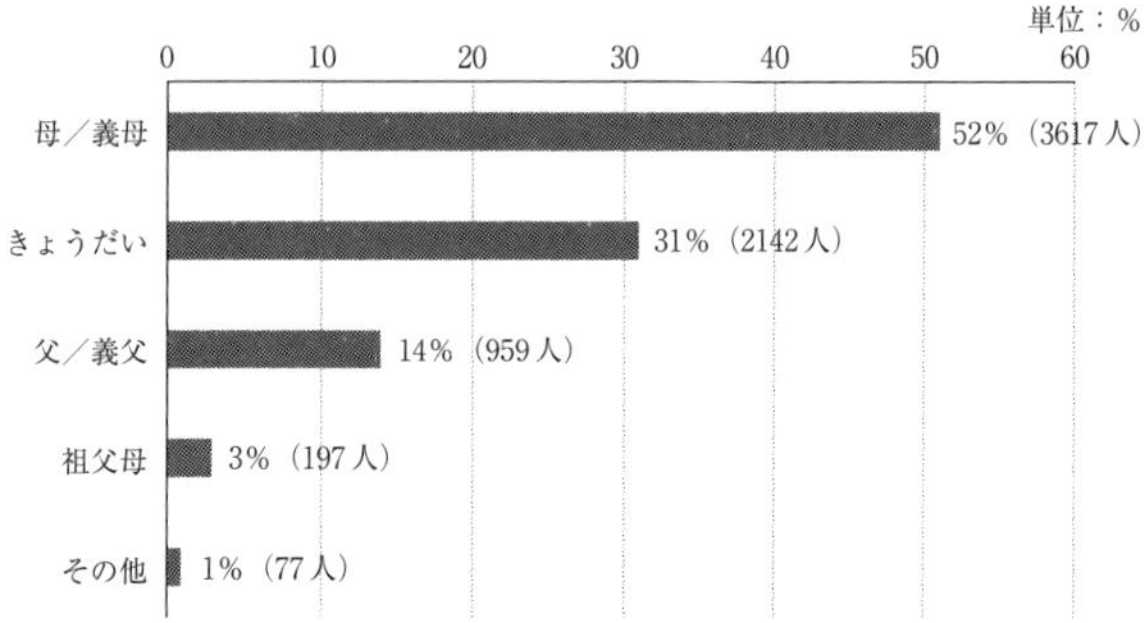

図2　イギリスでのケアを必要とする人とヤングケアラーの関係（被介護者数6,992人における割合）

害」が32・2%、「知的障害」が27・6%でした。

海外でも、きょうだいを世話するヤングケアラーの存在は、それなりに認識されています。たとえば、「イギリスのヤングケアラー　2004年報告書」では、6178人のヤングケアラーの実態が調査されていますが、ケアを必要とする人とヤングケアラーの関係は、「母／義母」が52%、「きょうだい」が31%、「父／義父」が14%、「祖父母」が3%となっています（図2）。

子どもがケアしている相手は、お母さんに次いできょうだいが多いのですが、それは、お母さんが病気で家のことができずにヤングケアラーがお母さんときょうだいを世話しているか、きょうだい自身が障害を持っているケースとして捉えられています。日本の実態調査の結果は、必ずしも親の病気や障害のためとも言えない状態で（たとえば親が仕事で不在といった理由で）、子どもや若者が年下のきょうだいの世話を相当量担っているのではないかという状況を浮かび上がらせました。

どんなケアを行っているのか

この点をより深く考えていくために、アンケート調査で聞く必要のある3つ目の項目、「ヤングケアラーは具体的にどんなケアを行っているのか」について見ていきたいと思います。

実は、ケアの内容をどう測るかというのはかなり難しい問題です。私が日本でヤングケアラー調査を始めた頃に参照したイギリスの調査では、ケアのタイプを以下の6つに分けて分析していました。[3]

①家の中の家事（料理、掃除、洗濯、アイロンがけなどの家事）
②一般的ケア（薬を飲ませる、着替えの介助、移動介助などの看護タイプの仕事）
③感情面のサポート（ケアの受け手の感情状態の観察、見守り、落ち込んでいる時に元気づけようとすること）
④身辺ケア（入浴介助やトイレ介助などの（肌をさらすような）ケア）
⑤きょうだいのケア（他のケア作業に加え、弟や妹の世話を手伝うこと）
⑥その他（請求書の支払い、英語以外の言語を話す家族のための通訳、病院への付き添いなど）

この分類を初めて見た時、私は「感情面のサポート」が「ケア」に含まれることに驚きました。日本では、車いすを押したり食事の介助をしたりするようなことは「ケア」とイメージされるものの、話し相手になったり興奮する相手をなだめたり元気づけようとしたりすることを「ケア」として捉える感覚が薄いように思ったからです。でも、イギリスではこうした分類がされているということを知って、安心感のようなものも抱きました。

私自身、その頃は育児の真っ最中でした。毎日が飛ぶように過ぎていくのに、自分が何に時間を使ったのか説明しにくい状況に置かれていました。たとえば、子どもにごはんを食べさせるのは「子どもの世話をした」という感覚になるのですが、上の子と下の子が喧嘩《けんか》をして、そのお互いの言い分を聞きながら仲裁するのは、ぐったり疲弊するのに「何をした」と言える感じになりません。「大変なのに、〝これをした〟と言えるものがない」モヤモヤを感じていました。

その数年後、大学教員となって仕事をするようになったら、「今日は3コマ授業をした」とか「会議に出た」とか、他人《ひと》にも自分にもその日のことを格段に説明しやすくなり、「あぁ、楽になった！」と思いました。仕事の領域に比べて生活の領域は言語化も

3　Dearden, Chris and Saul Becker, 2004, *Young Carers in the UK: The 2004 Report*, London: Carers UK, 7p

分類もされない事柄が多いんだと痛感したのを覚えています。だから、自分がケアにもがいていた最中にイギリスのケアの分類表を見た時には、自分のしていることに言葉が与えられたような感じがして嬉《うれ》しかったのです。

ざっくりと「家のこと」とされている事柄には具体的にどんな内容が含まれているのか、どれぐらいの時間と手間がかかるのか、日本ではもっと言葉にしてそれを老若男女で共有できるようにしていかないと、なかなか現実的なワークライフバランスは実現しないと思います。今の日本では、まずは求められる働き方があって、そのためには家族を持つことや子どもを持つことをあきらめる、あるいは仕事をやめる、ということが頻繁に起きています。

働く大人を支えるために裏方の家事や家族の世話を子どもや若者が担うという事態も、「家のこと」にかかる時間と手間を計算に入れずに「働き方」が組まれてきた社会のしわ寄せが若い世代にいっているという見方もできると思います。

表1は、こうしたケアの分類に基づいて、ヤングケアラーが行っているケアの内容を

	イギリス1995年調査（対象回答数641）	イギリス1997年調査（対象回答数2303）	イギリス2003年調査（対象回答数5116）	南魚沼市2015年調査（対象回答数65）	藤沢市2016年調査（対象回答数508）
家事（料理、掃除、洗濯など）	65%	72%	68%	53.8%（35）	54.1%（275）
一般的ケア（服薬管理、着替え介助、移動介助など）	61%	57%	48%	—	—
感情面のサポート	25%	43%	82%	16.9%（11）	13.2%（67）
身体介助（入浴介助やトイレ介助など）	23%	21%	18%	6.2%（4）	2.6%（13）
きょうだいの世話	11%	7%	11%	47.7%（31）	52.8%（268）
その他	10%	29%	7%	—	—

＊ Chris Dearden and Saul Becker, 2004, "Young Carers in the UK: the 2004 report" の7ページの表を基に作成。イギリスの調査で使われた「一般的ケア」の項目は、南魚沼市と藤沢市の調査では細分化しているため、「一般的ケア」と「その他」の数値は出せていない。

表1　ヤングケアラーが行っているケアの内容

まとめたものです。

左から3つは、イギリスで1995年、1997年、2003年に行われた全国的なヤングケアラー調査の結果で、それぞれ641人、2303人、5116人分のヤングケアラーの状況が分析されています。右の2つは、2015年の新潟県南魚沼市と2016年の神奈川県藤沢市で公立小中学校の全教員を対象として行った調査の回答です。先生方を対象としたアンケ

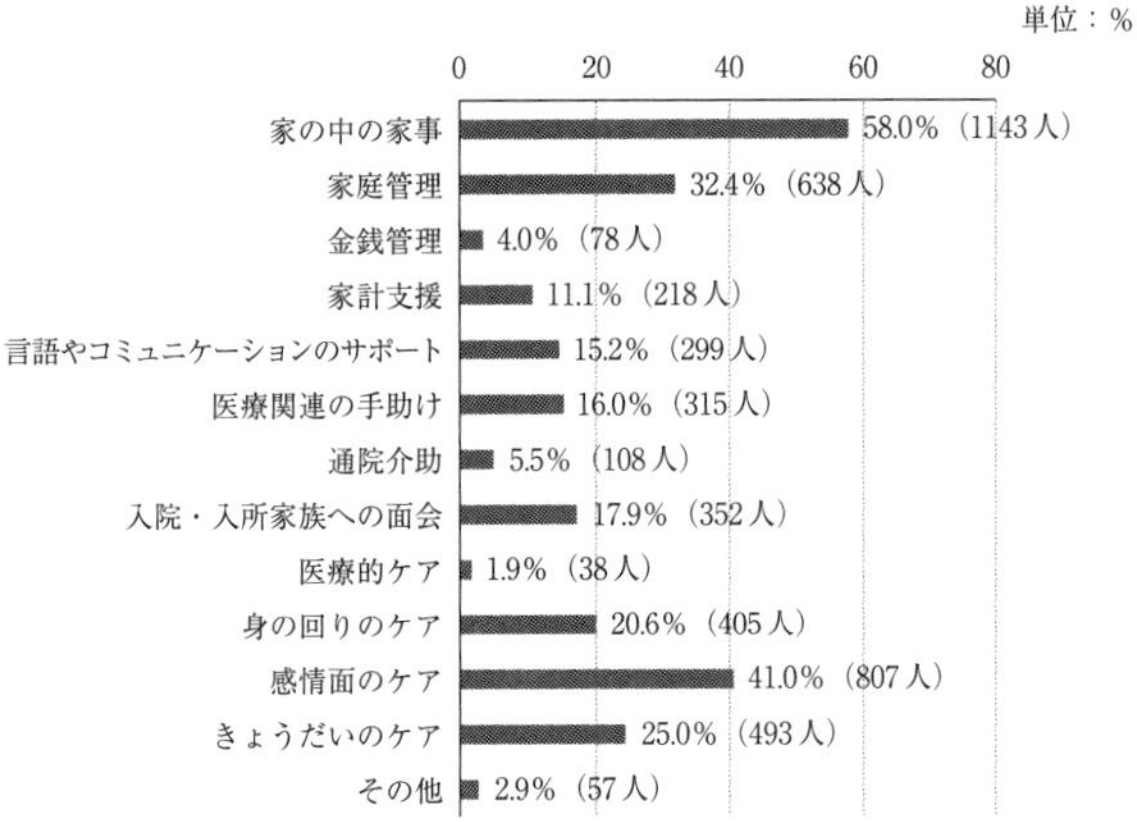

図3　ヤングケアラーが行っているケアの内容（ヤングケアラー本人1,969人が回答／複数回答）

ートでしたが、先生の目を通してヤングケアラーの具体的な状況を示したデータが、南魚沼市では65回答、藤沢市では５０８回答集まりました。

イギリスの調査と日本の調査では回答数がかなり違うので、単純に割合を比較するのは注意が必要ですが、それでも全体的な傾向として、日本では「きょうだいの世話」をしている子どもが多いのではないかという点が浮かび上がってきます。イギリスの３回の調査では、「きょうだいの世話」をしている子どもは、１９９５年は11%、１９９７年は７%、２００３年は11%

だったのに対し、南魚沼市の調査では47・7％、藤沢市の調査では52・8％でした。

もちろん、南魚沼市と藤沢市の調査はアンケートに答えたのが生徒ではなく先生でしたから、先生の目から見て生徒がきょうだいの世話をしている状況が目立ち、この結果が出たという可能性もあります。そのため、高校生自身が答えた埼玉県のヤングケアラー実態調査の結果とも比べてみたいと思います（図3）。

この調査では、ケアの内容は13の項目に分けて分析されました。ヤングケアラーの行っていることとして多かったのは、家の中の家事（食事の用意、後片付け、洗濯、掃除など）58・0％、感情面のケア（その人のそばにいる、元気づける、話しかける、見守る、その人を散歩など外に連れ出したりする）41・0％、家庭管理（買い物、家の修理仕事、重いものを運ぶなど）32・4％、そして、きょうだいのケア（自分一人で、あるいは親と一緒に、きょうだいの世話をする）25・0％でした。やはり、この調査でも、イギリスに比べて日本ではヤングケアラーのしていることとして「きょうだいの世話」が多く挙がりやすいということは、言えるのではないかと思います。

さらに、どんなタイプのケアをしている人が長い時間ケアをしている実態があるのかについても触れたいと思います。埼玉県の調査では、次のようなケアをしている高校生は、学校のある平日にケアをしている時間数が多い傾向が見られました。

・医療的ケア（胃や腸にチューブを挿してそこから栄養を摂取する経管栄養の管理、人工呼吸器をつけている場合に必要になってくる痰《たん》の吸引など）
・家計支援（家族のためにアルバイトで働くなど）
・金銭管理（請求書の支払い、銀行でのお金の出し入れなど）
・通院介助（病院に行くのに付き添う）
・きょうだいのケア

このようなケアを担っている中高生がいた場合、その生徒は、割と重い責任を負って長い時間を家族の世話に費やしている可能性が高いと見ることができると思います。

生活への影響

ケアの内容のところでも時間の話を少ししましたが、ヤングケアラー調査で聞く必要のある4つ目の項目は、ケアにどれぐらいの時間をかけているか、そして5つ目の項目は、ケアのために学校生活にどのような影響が出ているか、です。先ほど、厚生労働省の実態調査の結果では、きょうだいの世話をしている中高生がその世話にかける時間は平日平均4・4時間だったということを紹介しました。

皆さんは、学校のある平日、どんなスケジュールで過ごしているでしょうか？　昼間に毎日通うタイプの全日制の学校の多くは、朝8時半前後には始まります。そうした学校に通う生徒の大半はそれに間に合うよう学校に行っているでしょう。中には、授業の前に部活の朝練がある人もいるかもしれません。午前の授業が終わって、お昼があり、午後の授業が終わると、15時か15時半ぐらいでしょうか。その後、部活が17時か18時頃まであるかもしれません。人によっては、塾や習い事に行く日もあるでしょう。

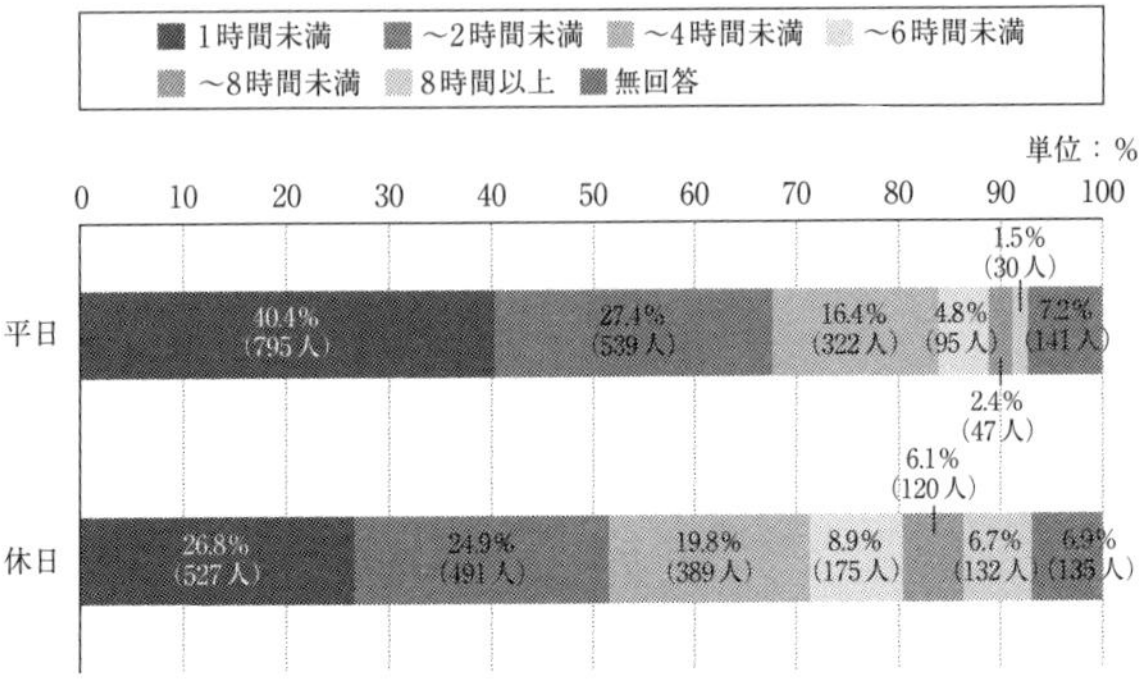

図4　ケアにかける時間（ヤングケアラー本人1,969人が回答）

そのような中高生の生活の中で、ほぼ毎日、4・4時間家族の世話や家事をしなくてはいけないというのは、相当の負担になってくると思います。友達とＬＩＮＥをしたり、好きな動画やテレビやネットを見たり、漫画や雑誌を読んだりする余裕はなかなかないでしょうし、たとえできたとしても、それを楽しめない時もあるかもしれません。

私自身は、高校生にとって、学校のある平日に4時間以上ケアに時間を費やすのは「赤信号」、つまり、すぐに何らかの対応をしてその状況を変える必要がある事態だと考えています。そのように考えるようになったのは、埼玉県の高校2年生へのヤングケアラー調査において、平日1日あたりのケア時間

	1時間未満（795人）	1時間以上2時間未満（539人）	2時間以上4時間未満（322人）	4時間以上6時間未満（95人）	6時間以上8時間未満（47人）	8時間以上（30人）	無回答（141人）
学校を休みがちになっている	1.5	1.3	2.8	6.3	8.5	13.3	1.4
学校への遅刻が多い	1.8	3.3	6.5	12.6	4.3	10.0	2.1
部活ができない	1.5	3.5	7.1	13.7	6.4	13.3	0.7
勉強の時間が充分に取れない	5.7	11.1	15.5	26.3	19.1	20.0	3.5
授業に集中できない	2.6	3.7	8.4	11.6	8.5	13.3	3.5
成績が落ちた	0.9	3.5	4.7	18.9	8.5	6.7	1.4
友人と遊ぶことができない	2.9	7.4	16.8	24.2	19.1	23.3	1.4
周囲の人と会話や話題が合わない	1.1	3.3	7.8	6.3	10.6	20.0	0.0
ケアについて話せる人がいなくて孤独を感じる	22.0	19.1	17.7	12.6	25.5	20.0	7.8
ストレスを感じている	11.7	18.4	23.3	38.9	38.3	23.3	9.2
睡眠不足	4.2	7.2	14.6	29.5	21.3	23.3	5.0
しっかり食べていない	1.4	1.5	3.4	12.6	8.5	13.3	0.7
体がだるい	3.8	8.0	14.6	22.1	17.0	26.7	3.5
自分の時間が取れない	3.6	10.2	17.4	33.7	21.3	23.3	2.1
進路についてしっかり考える余裕がない	1.5	1.5	6.2	7.4	8.5	13.3	0.7
受験の準備ができていない	0.9	2.0	3.1	7.4	6.4	10.0	1.4
アルバイトができない	5.2	6.1	7.1	12.6	6.4	6.7	2.8
特に影響はない	49.9	41.6	37.9	32.6	40.4	40.0	14.2

表２　学校生活への影響（「埼玉県ケアラー支援計画のためのヤングケアラー実態調査結果（2021年２月16日更新版）」23～24ページを基に作成。単位は％）

と学校生活への影響を分析した経験に基づいています。

埼玉県の調査では、平日にケアにかける時間は1日あたり1時間未満という人が4割、1時間以上2時間未満が3割近くでした（図4）。4時間以上と答えた人は172人でした。

表2は、平日の1日あたりのケア時間と学校生活への影響をまとめた表です。単位は%です。これもそれぞれの人数がかなり違うので、割合の比較は注意が必要ですが、それでも、ケア時間が長くなるにつれてどういうところから学校生活への影響が出てくるのか、ある程度の傾向は確認できるように思います。

ケアにかける時間が1日あたり1時間未満という人たちでは、「ケアについて話せる人がいなくて孤独を感じる」の項目が22%、「ストレスを感じている」が11・7%と、この2つが2桁のパーセントになっています。ケアにかける時間が1日あたり1時間以上2時間未満という人たちでは、こうした孤独とストレスに加え、「自分の時間が取れない」10・2%、「勉強の時間が充分に取れない」11・1%と、自分1人で使う時間へ

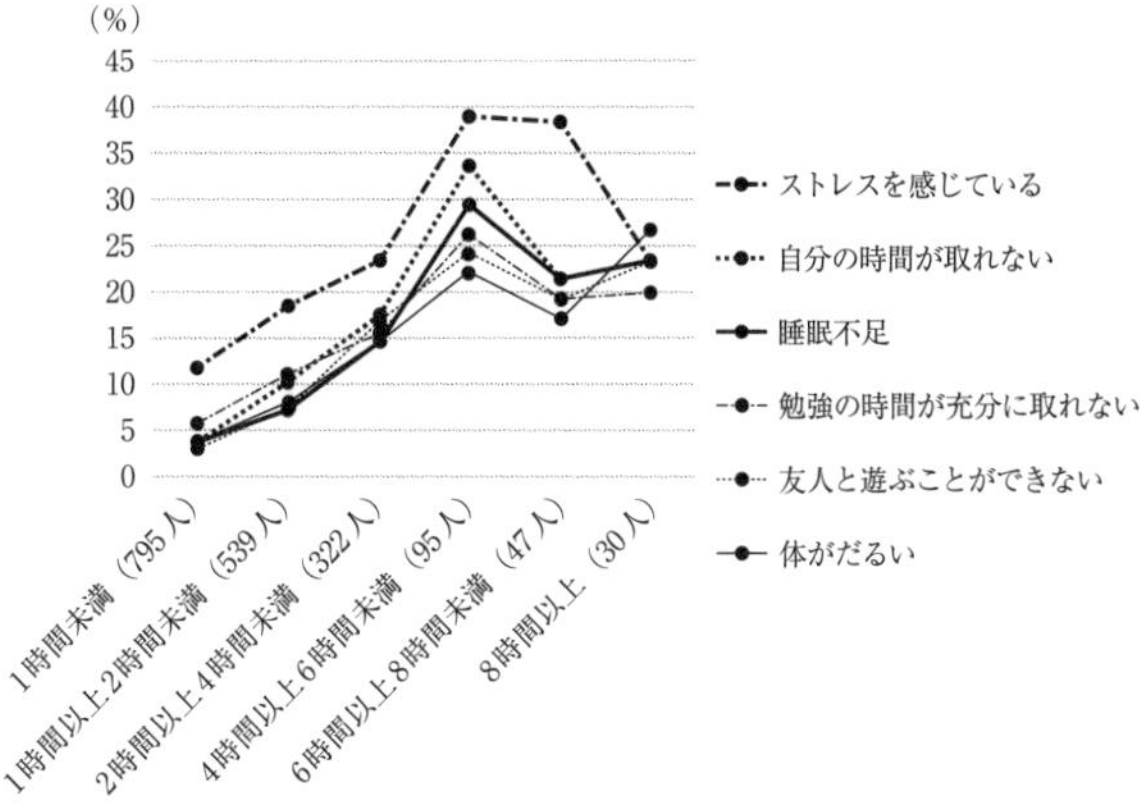

図5　平日のケア時間と学校生活への影響

の影響が2桁になってきます。1日あたり2時間以上4時間未満という人では、この4つの項目に加えて、「友人と遊ぶことができない」16・8％、「睡眠不足」14・6％、「体がだるい」14・6％が2桁のパーセントになります。

そして、ケアにかける時間が1日あたり4時間以上6時間未満になると、多くの項目でパーセンテージがあがります。「ストレスを感じている」は38・9％、「自分の時間が取れない」は33・7％、「睡眠不足」29・5％、「勉強の時間が充分に取れない」26・3％、「友人と遊ぶことができない」24・2％、「体がだるい」22・1%と、これらの項目は20%を超えています（図5）。「成績が落ちた」18・9%、「部活ができない」13・7%、「アルバイトができない」12・6%、「学校への遅刻が多い」12・6%、「しっかり食べていない」12・6%、「ケアについて話せる人がいなくて孤独を感じる」12・6%、「授業に集中できない」11・6%も2桁のパーセントです（表2）。ケアにかける時間が1日あたり4時間以上6時間未満という人は、この調査に回答したヤングケアラーの中でも最も高いストレスを抱えていて、なんとか学校生活とケアとの両立を図ろうと努力し、同世代の子たちと同じような生活をしようともがいていることがわかります。

ケアにかける時間が1日あたり6時間以上8時間未満になると、今度はいろいろな項目で値が下がります。もう「成績が落ちた」「部活ができない」「アルバイトができない」とあまり感じなくなって、「学校への遅刻が多い」も減っていきます。このように数値が下がる背景には、高校生が、頑張ることをあきらめたり、意欲を持てなくなったりしている状況もあるのではないかと思われます。

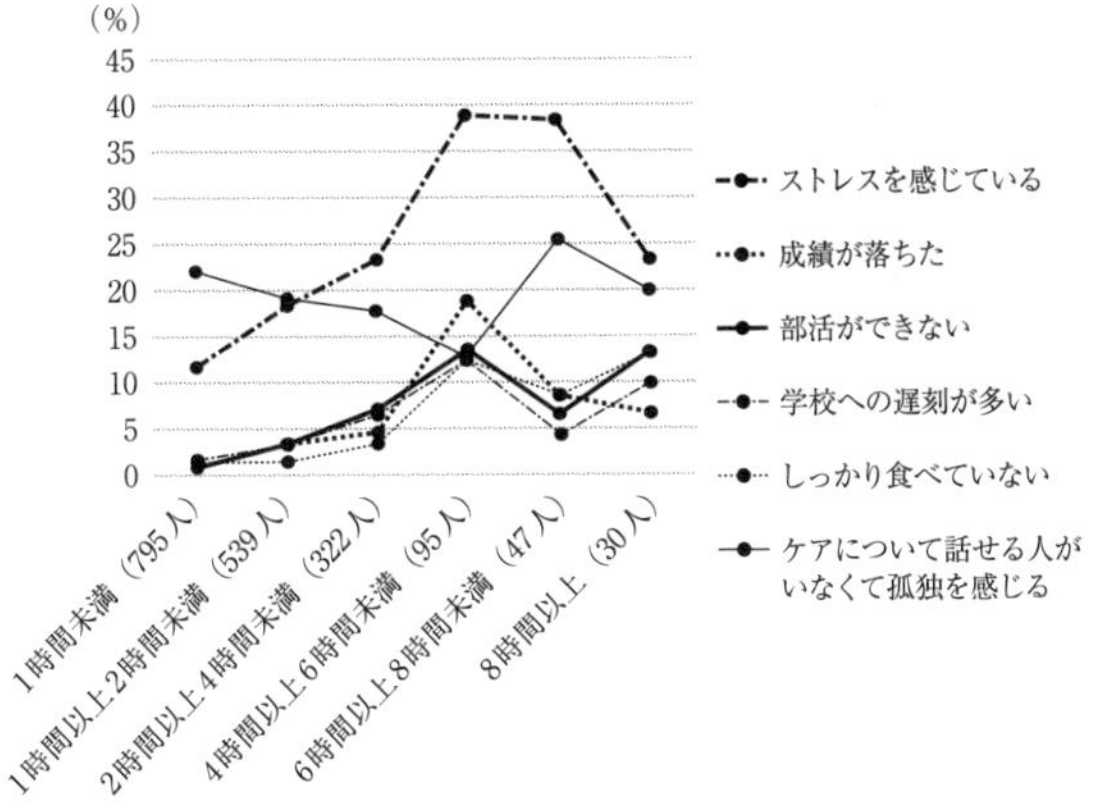

図6　平日のケア時間と学校生活への影響

ケアについて話せる人がいなくて孤独を感じる

ケアにかける時間が長くなるにつれて学校生活への意欲が持ちづらくなっていくのに対して、6時間以上8時間未満でぐっと上がってくるのは「ケアについて話せる人がいなくて孤独を感じる」の項目です。一気に倍近くとなり、25・5％になっています（図6）。

この孤独の項目は独特のカーブを見せ、ケアにかける時間が1日あたり1時間未満では22％、1時間以上2時間未満では19・1％、2時間以上4時間未満では17・7％、4時間

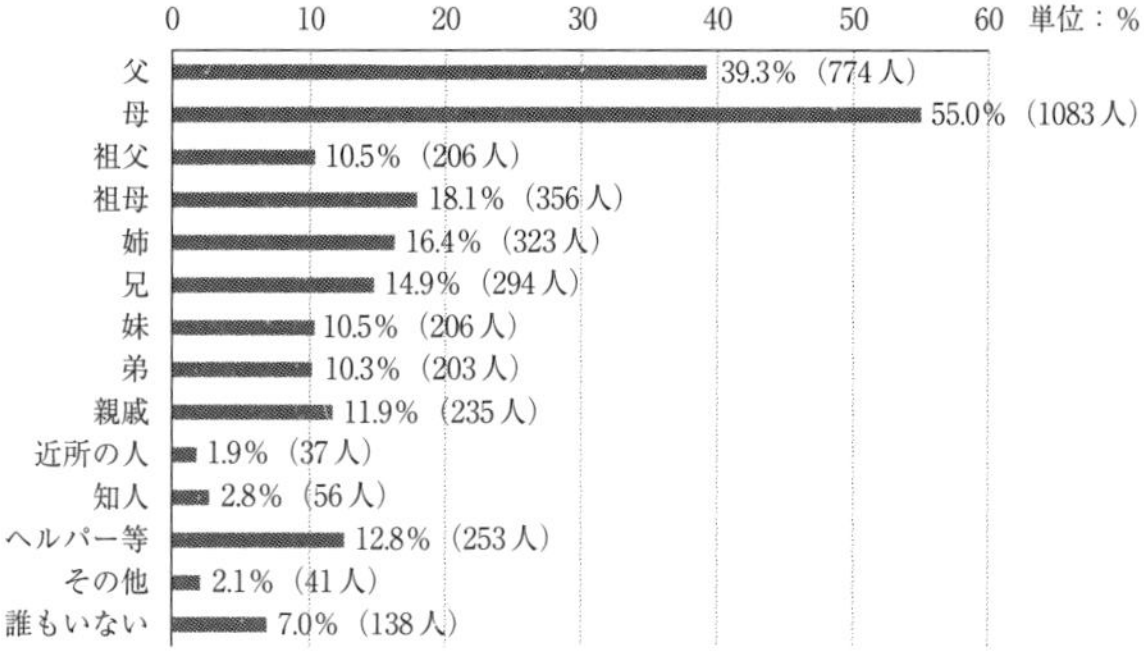

図7　ケアを手伝ってくれる人（ヤングケアラー本人1,969人が回答）

以上6時間未満では12・6%と、ここまではケア時間数が増えていくにつれて減っていきます。ケアにかける時間が増えると、「自分の時間が取れない」とか「ストレスを感じている」度合いは上がるにもかかわらず、「ケアについて話せる人がいなくて孤独を感じる」の項目が下がるのは、ケアについて家族で分担し、一種の連帯感のようなものがケアを担う人たちの間にあるからではないかと考えられます。

それを裏付けるのが、「あなたが家で行うケアを、一緒にやってくれる人や手伝ってくれる人は誰ですか？」という質問に対する回答で、埼玉県調査では、「母」55・0%、「父」39・3%、「祖母」18・1%、「姉」16・4%、「兄」14・9%などとなっています

（図7）。

つまり、埼玉県調査に答えたヤングケアラーの多くは、お母さんやその他の家族とケアを分担している状況があるのです。ただ、その一方で、「誰もいない」と答えた人も7・0％、数にして138人見られたことにも注意が必要です。

学校のある平日に6時間以上ケアをしている高校生で、「ケアについて話せる人がいなくて孤独を感じる」が一気に高くなるのは、家族の中にケアを一緒にやってくれる人が他にいない状態で、家事や家族の世話をしている可能性が高いのではないかと思われます。この調査で、学校のある平日に6時間以上ケアをしていると答えたのは77人でした。「ケアに関する悩みや不満、愚痴を話せる人はいますか？」という質問に対しては、ヤングケアラーの25・4％、つまり4人に1人が「いない」と答えていることも注目すべき点です。

埼玉県の調査では、ケアにかける時間が平日1日あたり8時間以上の高校生は30人でした。ケアにかける時間がここまで多い層では、「ストレスを感じている」と答える度

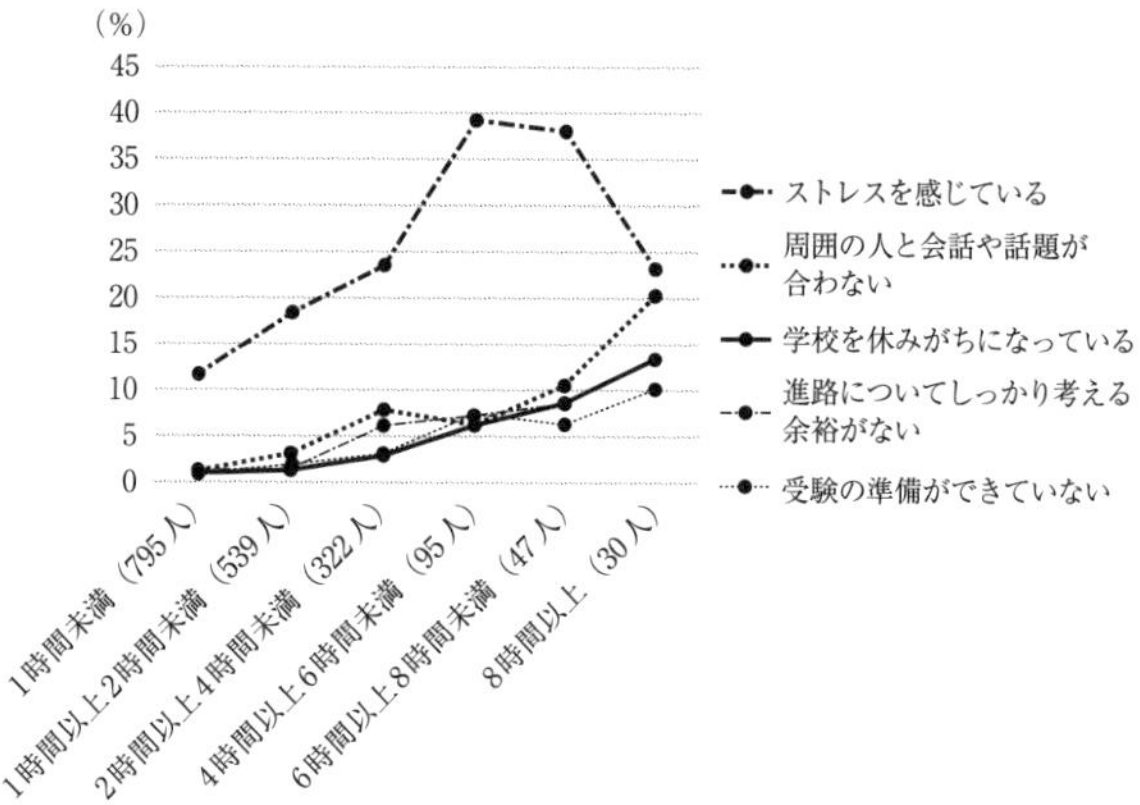

図８　平日のケア時間と学校生活への影響

合いはかなり減ります。学校生活と距離を置くようになり、そのことで、自分とまわりを比較してストレスを感じる状況が少なくなってくるのではないかと思われます。代わりに、この層で10％を超えるようになってくるのが、「周囲の人と会話や話題が合わない」「学校を休みがちになっている」「進路についてしっかり考える余裕がない」「受験の準備ができていない」という項目です（図８）。

「体がだるい」「しっかり食べていない」「授業に集中できない」という答えも高くなっています。もう同世代と同じ生活をすることをあきらめている人もいると思われます。埼玉県調査の結果を基に、ケアにかける時間と学校生活への影響を分析すると、こうしたことが見えてくるのです。

感情面の健康

おそらく、高校生たちは、次のような経過をたどってケアの影響を受けていくのではないでしょうか。

①ケアについて話せる人がいなくて孤独を感じる、ストレスを感じる
②自分の時間が取れない、勉強の時間が充分に取れない
③友人と遊ぶことができない、睡眠不足、体がだるい
④成績が落ちた、部活ができない、学校への遅刻が多い、アルバイトができない、しっかり食べていない、授業に集中できない
⑤周囲の人と会話や話題が合わない

⑥学校を休みがちになっている、進路についてしっかり考える余裕がない、受験の準備ができていない

まずは、①自分の精神面への影響があり、それから、②自分個人で使う時間への影響、そして、③友人との関係や体調への影響があります。さらに、④学校生活の対面を保つことへの影響があり、⑤学校でのコミュニケーションが難しくなっていき、⑥学校に行くことや将来への影響、という順序をたどるのではないかと思います。

私は2010年と2015年にイギリスに滞在してヤングケアラーへの支援について学びましたが、その時に支援者の一人が、子どもや若者の「感情面の健康(emotional health)」という言葉を使ったのが印象的でした。「メンタルヘルス」というと、精神疾患などを視野に入れ、いかに心の健康を保つかという文脈で話されますが、「メンタルヘルス」までいかなくとも、感情的にぐちゃぐちゃ、ということは当然あります。上記の①〜⑥といった段階を見ていくと、精神疾患までいかなくとも、やはり、イライラし

たり、思うようにいかないと感じたり、もう嫌だ、と思ったりする局面は多くあると思います。

思春期は精神疾患を発症しやすい時期とされています。日本でも、学習指導要領が改正され、２０２２年からは高校の保健体育の授業で「メンタルヘルス」を学ぶカリキュラムになりました。メンタルヘルスに関する知識を学んだ上で、さらに「感情面の健康」という点からも、ヤングケアラーが持つかもしれない気持ちについて考える機会があると良いと思います。

周囲の人への相談や求められているサポート

ヤングケアラー調査で聞いたほうがいい6つ目の項目は、ケアを必要としている家族のことやケアの悩みを誰かに相談したことはあるかについてです。厚生労働省の調査では、「ある」と答えた人が2～3割、「ない」と答えた人が5～6割で、多くのヤングケアラーはケアについて誰にも相談していない状況にあることが示されました。なぜ相談しないのかについては、「誰かに相談するほどの悩みではない」という理由が群を抜いて高く、次いで「相談しても状況が変わるとは思わない」が挙がりました。

私がこれまでに話を聞いた元ヤングケアラーの中には、ケアについて周りの人に話さないことによって身を守っていると話してくれた人もいます。親が「おかしい」ことを知られるのが恥ずかしい、いじめられたり嫌われたりするのが怖い、まわりの人に「普通の子ども」として見てほしい、話してもすぐに解決しないと思っていることなどを、その理由として挙げてくれました。

ヤングケアラーは話すことで逆に不安に襲われてしまうこともあり、たとえば、相談した友達がほかの友達に言ったらどうしようとか、相談した先生が家族に連絡したらどうしようとか、自分が相談したことを親に知られて親が不安定な状況になったら……という不安もあると言います。こうしたヤングケアラーの気持ちについても、配慮していくことが必要だと思います。

最後の項目は、「ヤングケアラーにとって、こんなサポートがあったらいいと思うことはどんなことか？」という質問です。埼玉県の調査では「特にない」が一番多かったものの、10％以上を超えるものとして、「家族の病状が悪化するなど困った時に相談できるスタッフや場所」「信頼して見守ってくれる大人がいること」「学校で宿題や勉強をサポートしてくれること」「自分がケアをしている相手の病気や障害についてわかりやすく説明してもらえること」「自分の自由になる時間が増えるようなサポート」「自分の将来のことを相談できる場があること」が挙がりました。ケアを担う高校生たちは、それなりに頑張りたいと思っていることがうかがえる内容です。

まわりの大人たちは、気にかけながらヤングケアラーの頑張りを見守り、いざという時には相談できる、ほしいと思うサポートを使えるようにしておくといった試みが大切になってくるのではないかと思います。

第3章

ヤングケアラーが語る自身の経験

この章では、子どもの頃からお母さんのケアをしてきた髙橋唯さんに、ご自分の経験について書いて頂きます。唯さんは今、24歳。２０２０年の3月に大学を卒業して、今、社会人3年目です。小さい頃、中学生の時、高校生の時、唯さんはどんな経験をして、どんな気持ちを抱いていたのか、ぜひ読んで頂きたいと思います。

＊

髙橋唯

ごあいさつ

私は主に母親のケアをしてきた元ヤングケアラーです。ヤングケアラーと一口に言っても、ケアをする相手や置かれている状況、ケアをどう捉えているかは人それぞれでかなり違うと思いますので、とある一人の元ヤングケアラーの経験談として読んでいただけるとありがたいです。

家族の紹介

私の家族は両親と私の3人です。私の両親は、私が産まれたときにはすでに障害をもっていました。父は私が産まれる前年に職場で事故に遭い、左前腕を失いました。しかし大抵のことは片手でこなしていて、普段の生活には人の助けを必要としていません。最近では身体障害のある人が車いすを使わずに立ってプレーする「障がい者立位テニス」を楽しんでいるくらい、元気な人です。

一方、母は高校通学中に交通事故に遭い、後遺症が残ったため、周りの人のケアを受けなければ生活することが難しくなりました。右半身が麻痺《まひ》していて動かしにくいため、移動する際には杖《つえ》か歩行器を使っています。長距離では車いすも使います。

加えて、高次脳機能障害も残りました。高次脳機能障害とは脳が損傷を受けた際に起こる障害全般を指し、人によって様々な症状が現れます。私の母の場合は特に記憶力の障害が目立ち、他にも注意力や判断力、物事を順序良く進める力（遂行機能）も一人で生活するには十分ではなく、まるで小さな子どものように常に見守っていなければなりません。また、私が高校3年生になる頃までアルコール依存症でもありました。

いったいどちらがお母さん？

高次脳機能障害とはどんな障害なのかを人に説明するのはとても難しいです。今回は、どこかに出かけるときを例に説明します。

まず、母は出かける何日も前から一日に何回も「いつ出かけるんだっけ？」「明日だよね？」「水曜日だよね？」などと聞いてきます。そしていざ当日になると「え、今日出かけるんだっけ」と言い出し、今度は「何時に出発するの？」と何度も何度も聞いてきます。

出かけるときに必要な物も自分では適切に用意することができないので、鞄《かばん》に一式入れて用意しておいても、出かける直前にその鞄が気に入らなくなって勝手に別の鞄に換えてしまうことや「用意してあるから触らないで」と伝えても中身をいじってしまうこともあります。最近は小さな鞄が好きで、中身が入りきらずに溢《あふ》れてしまっていることも多いです。

計画的に行動することも苦手なので、出かける何時間も前から玄関で準備をして座って待っているかと思いきや、いざ出かけようとすると「忘れ物した！」「トイレ！」などと言い出します。靴を履くのも「かかとを踏まないで」と言って直してあげないと、一人できちんと履くことができません。

出かけた先でトイレに一人で行くと帰ってこられなくなるのと、トイレの中で転んでしまうことがあるので、個室の前までついて行く必要があります。鍵がかかっていて、明らかに人が入っていることがわかる個室のドアをドンドンと叩《たた》いてしまって、慌てて止めさせたこともありました。そのように公共の場でのマナーを理解することも難しいため、静かにしなければならない場所でも大声で話したり、あろうことか「見てー、あの人ハゲだよ！」などと言ってしまったりすることもあるので、一緒にいるととてもヒヤヒヤします。

自分で出かけたいと言ったのに、いざ出かけるとその目的を忘れてしまうことも多いです。以前、2週間くらい足が痛いと言っていたことがあり、どうしても足が痛いから病院に連れて行って欲しいというので車に乗せたら「何買いに行くんだっけ、あ、お父さんのビールか！」と言い出したこともありました。いざ病院に着くと、痛いと言っていた足と逆の足をお医者さんに見せていました。そして母は体力がないので、出かけるとすぐに「疲れた」「嫌だー」「帰りたい」とぐずりだします。ようやく家に帰ってくると、もう私はヘトヘトですが、それでも母は「あれ、今日は何しに出かけたんだっけ？買い物？」「夕飯まだー？」と話しかけてきます。

私が子どもの頃から、それどころか私が生まれる前から、母はずっと「見た目は大人・頭脳は子ども」の状態です。私は年齢と共に成長して大人になっていきましたが、母は老いはすれども成長することはありません。いつからか、いったい私と母のどちらがお母さんなのかよくわからなくなりました。

母のケア

母は生活の中でも食事をしたり着替えたりといった身の回りのことは自分でできますが、家事や電話、通院などになると一人でこなすのは難しくなります。しかし、母の状況に合った介護サービスはなかなか見つからなかったので家族がケアを続けてきました。

リハビリも兼ねて家事は母の仕事ということにしていましたが、うまくできないので、母が一度やった家事を家族がもう一度やり直す必要がありました。料理は肉を生で出したり、麻婆《マーボー》豆腐の素がそのままお皿に出されただけだったり、レンジでチンすらまともにできませんでした。洗い物も上手にできず、洗い残しばかりだったので、いざ洗い直そうとすると食器洗い用のスポンジもベタベタしていて、まずそこから洗い直さなければなりませんでした。家の中も汚くて、例えば何かこぼしてもこぼしっぱなしにしていたり、本人は拭いたつもりでもよく拭けておらず、かえって汚くなっていたりしていて、掃除をしてもしても追いつかず、家の中が綺麗《きれい》な状態で保たれていることはありませんでした。「私がやるから、お母さんは触らないで」と言っても忘れられてしまったり、本人はできているつもりなので「なんで！」と怒ったり、本人なりの生活パターンが崩れることを嫌がったりして、結局見ていないうちに何かしらやらかしていて、それを一つ一つ後始末していくのが主なケアでした。

いつ何をされるかわからないので、常に気にかけている必要がありました。母は歩行が不安定ですが、それを自覚して自分で転ばないように注意するということができないため、家の中でもよく転びます。別の部屋で「ドーン！」と大きな音がしたら、自分が今やっていたことをいったん中断して様子を見に行かなければなりません。また、何をされるかわからないといえば、2011年の東日本大震災の際、断水に備えてトイレのタンクや浴槽に水を溜《た》められるだけ溜めていましたが、目を離した隙に、母はトイレの水を流し、お風呂を沸かして入っていました。

ヤングケアラーに対するアンケートの中に、「一日何時間程度ケアをしているか」という項目がありますが、私のような場合は何時間と答えれば良いのか悩みます。母に対して直接ケアをしている時間はそれほど長くありませんが、母を気にかけていなければならない時間は起きている間ずっとになります。

私はヤングケアラーという言葉を初めて知ったとき、すぐには自分のことだと思えませんでした。一日の中で、決まった時間を割いて母に食事をさせたり排泄《はいせつ》の面倒を見たりするわけではないため、自分がしていることがケアだという認識が持ちにくく、かと言って、自分のしていることを他になんと呼べばいいのかもわかりませんでした。

幼少期から小学生まで

ケアに関する記憶で最も古いのは、2〜3歳の頃から一人でお使いに行っていたことです。まだ三輪車に乗れず、キックボードで近所のスーパーに行っていました。父としては、私がもう少し大きくなってから、陰から見守りながらお使いデビューをさせたかったそうですが、母が勝手に私をお使いに行かせていました。それが発覚したのは、たまたま出かけていた父が車で帰ってくる時に、道ばたに一人で歩いている小さな子どもを見つけて、それが私だったからだそうです。母には小さい子どもを一人で外に出しては危険だという判断ができませんでした。

また、この頃から母はアルコール依存症の症状も出始めていて、お使いで母の飲むお酒を買いに行くこともありました。母は飲むお酒の量はそれほど多くありませんでしたが、少ないお酒でも酔っ払い、元々右半身の麻痺で転びやすいにもかかわらず、さらにフラフラになり、とても自分で自分の身体をコントロールできるような状態ではありませんでした。お酒を飲んでいる時の母は怖かったです。目は据わり、呂律《ろれつ》は回っておらず「いつものお母さん」とは全く違いました。一度、あまりの怖さに泣いてしまった事がありました。母が「何泣いてるんだよ！」と言ってきたので、勇気を振り絞って「ママがお酒を飲んでるから」と答えると「飲んでないよ」と返ってきました。子どもから見てもお酒を飲んでいるのは明らかなのに、嘘《うそ》をつかれたのがとてもショックでした。

母はある程度文字は読めますが、文章を読んでいると今読んでいる箇所がわからなくなるので、読み聞かせが下手でした。体もうまく動かせないので、かくれんぼや鬼ごっこで遊ぶこともできませんでした。それでも、それに対して「嫌だ」とか「他の大人に比べておかしい」とは思っていませんでした。私にとっては障害のある状態の母の姿があたりまえでした。ついでに言えば、父も片腕しかない姿があたりまえだと思っていたので、義手をつけているのを見ると怖がって泣いていたそうです。

小学校高学年になると、母のアルコール依存は顕著になっていきました。ほぼ毎日、夕方くらいからお酒を飲み始め、酔っ払った状態で台所に立っていました。フラフラの状態でガスコンロを使おうとするので危険でしたし、料理は料理と呼べる状態でなく、お皿や台所がベロベロに汚れていました。父は仕事を終えて帰ってくるとあまりの惨状に声を荒らげて母を叱責しました。

このできごとを、翌日なんとなくクラスの友達に話したことがあります。すると友達からは「わかる。夫婦げんかってウザいよね。かと思えばラブラブ過ぎてウザいこともあるしさ」と返ってきました。私としては「我が家の場合は夫婦げんかと呼ばないんじゃないかな?」と思いました。母は元々子どもみたいな人でしたが、お酒を飲むともはや全く言葉が通じず、子どもどころか別の生き物のように感じることさえありました。そんな母と、片腕が無いこと以外は一般的な一人の大人である父とは、対等な立場にあるとは全く思えませんでした。それぞれ自立した大人同士がお互いの意見を言い合っている「夫婦げんか」とはかけ離れていると思いました。話をした友達が日々あたりまえに目にしている「夫婦げんか」と、私が目にしている「夫婦げんか？」はきっと違うのだろう、自分にとってのあたりまえと他人にとってのあたりまえは別物なのかもしれない、と思うできごとでした。

そもそも、お酒を飲む前から母は自立した一人の大人とは呼べず、誰かの助けがないと生きられない、特に父がいなければ母は生きられないのではないかとこの頃からなんとなく気がつき始めました。父に見捨てられたら母は終わりだと思っていました。ただでさえ、母が家事をするとかえって余計な仕事が増えて大変なのに、その上お酒まで飲んで、どうして父にも私にも迷惑をかけるんだろうと思っていました。仕事に行って帰ってきて、家でゆっくりできない父がかわいそうでした。そのうち父にも我慢の限界が来て離婚されたらどうするんだろう、申し訳ないけど父についていかないと私も生きていけないだろうなと思っていました。父は母の面倒を見るだけでも大変なので、私はなるべく迷惑をかけないようにしようと思っていました。

中学時代

中学生になると、私は急に忙しくなりました。勉強、部活の他に、生徒会に所属したり、絵や作文のコンテストに応募したり、英語の弁論大会に出場したり、とにかく常にせかせかと動き回っていました。小学生までは毎日のんびりしていたのに、中学生になった途端、急になんでも一番になりたいと思うようになって、毎日全力疾走していました。

学校から家に帰ってきたらすぐに勉強がしたいのに、母がお酒を飲んで転がっていたり、何度も同じ事を聞いてきたりするとかなりイライラしました。母の行動はいわゆる「普通」の人に比べてかなり時間がかかるので、私はいつも「まったく、私は忙しくて時間が足りないのに！　お母さんにはあわせていられない」と思っていました。

元々、母は簡単な内容の会話しか理解できず、幼い頃はそれで良かったのですが、中学生ともなると普段の会話はほとんどかみ合わなくなりました。私は部活のことや勉強のことで悩んでいるのに、母は「今年は猫年？　来年だっけ？」「おしっこは我慢してるとうんちになるんだよ！」などとのんきに話しかけてくるので、そのたびにイラッとしました。まともに取り合っても仕方がないので無視しても「ねえねえ、聞いてる？」と続けてきます。母はいわゆる「空気を読む」ということも苦手で、周りがイライラしていても当の本人は知らぬが仏なので、その態度がさらに周りの人の神経を逆撫《さかな》でするのです。

そんな母のことをなるべく気にしないためにも、自分でやらなければならないことをたくさん作って、忙しさで気が紛れるようにしていたのかもしれません。父のことをかわいそうだと思う一方で、ある日突然事故に遭った母のこともかわいそうだと思う気持ちもあり、本当はもっと優しくしたいとは思っていましたが、日々忙しくてそんな余裕はありませんでした。

今思えば、忙しくしていることで、母のことだけでなく周りの同級生のことも気にしないようにしていたのかもしれません。小学生の頃は、我が家の状況はなんとなく他の家と違うかもしれないという違和感を覚えつつも、そこまで気にしていませんでした。中学校に上がった頃から「あ、やっぱり我が家は変わってるんだ」と察しましたが、それ以上深追いしないようにしました。よそはよそ、うちはうち。他人《ひと》と比べてる時間なんてもったいないと思っていました。

とにかく自分を忙しく追い込んで、周りに一切目もくれずに過ごしていましたが、傍《はた》から見ると少々やり過ぎだったようで、担任の先生から「もっと周りを見なさい」と叱られることもありました。しかし当時の私はなぜ叱られているのか、どう直せば良いのかわかりませんでした。

高校時代

勉強した甲斐《かい》があって、高校は進学校に入学する事ができました。私の通っていた高校では6月に文化祭があったので、入学後すぐにクラスで文化祭の準備が始まりました。しかし、私はあまり関心が持てず、いつも自分の席で勉強をしていました。

ある時、教科書を読んでいて、ふと顔をあげると、前の席の子の机に大量の紙が山積みになっているのが目に入りました。前の席の子は、その紙をホチキスで留めて文化祭のパンフレットを作っているところでした。大変そうだな、とは思いましたがなかなか「手伝おうか？」と声をかけることができなくて、結局自分の勉強を続けました。本当は声をかけたかったのに、なかなか言葉が出てきませんでした。こういう場面に遭遇することはごく普通にあり得ることなのに、今まで周りを一切見ないように気をつけていた私にとってはほぼ初めての経験で、どうしたらいいのかわからなかったのです。ここで、やっと中学校の担任の先生が言っていたことが理解できました。私は本当に今まで周りを見てこなかったんだ、これからは気をつけなくちゃ、と思いました。

そこで私は忙しくしていた手を止めて、一度周りをよく観察してみることにしました。それは私にとって、とても勇気がいることでした。きっと、今まで見ようとしてこなかった我が家と周りの同級生の家庭との違いが見えてしまう。なんとなく我が家は周りと違うことはわかっていたけれど、いざ改めてその現実を直視したら、今まで私が育ってきた環境が「普通じゃない」と認めざるをえないことが怖かったのです。

両親は障害があっても健常な人と同様に子どもを育てられると思って私を産んだのだろうから、私は普通に育たなきゃいけないと思っていました。両親に障害があるせいで普通に生きられなかったなんて絶対に言えないし、むしろ両親に障害があってもこれだけ立派に育ったと言われるくらいにならなければ両親に申し訳ないという気持ちからも、自分を忙しく追い込んでいたのかもしれません。

恐る恐る教科書をしまって教室を見渡すと、パンドラの箱を開けたような気持ちになりました。毎日お母さんが作ったお弁当を持ってきている子、塾で帰りが遅いと親に迎えに来てもらえる子、大学の見学に親が一緒に行ってくれる子。音楽が好きな友達はお母さんと一緒にライブに行ったと話してくれました。みんな、私と住んでいる世界が違うのだろうなと思いました。

同じ教室にいて同じ授業を受けているはずなのに、きっと彼ら彼女らの過ごしている高校生活と私の過ごしている高校生活は別物。外から見れば私もその教室にいる一人に見えているのかもしれないけれど、実際には周りのみんなとは同じ場所にいないような感覚になりました。きっと今この時だけに限らず、みんながこれまであたりまえに過ごしてきた日々も、私が過ごしてきた日々とは違うのだろうなと思いました。もちろん、みんながみんな恵まれた環境の人ばかりではなかったかもしれませんが、進学校という性質上、子どもを大学に行かせられるだけの余裕があって、親も子どもの将来に関心がある家庭で育った同級生が多かったので、みんな学校生活に集中できているように見えました。勉強が得意な子や部活で活躍する子を見ると、キラキラと輝いて見える半面「家に帰ったら身の回りのこと全部親がやってくれるなんて甘ったれだな」「自分のことだけ頑張っていればそれだけで評価されるなんて羨ましいな」とも感じていました。

当時、母はアルコール依存症がますます悪化したのでついに投薬治療を始めました。病院に提出するための記録は父がつけていましたが「酔っていたので娘が寝かしつけた」と書かれている日も多くありました。みんなは家に帰ったらきっとテレビを見たり宿題をしたりしていて、お母さんを寝かしつけて、汚された台所を片付けるということはないんだろうなと思いました。

みんなは家で勉強する時間がとれるけど、私はとれないのだから、その分学校で勉強がしたい。でも、それをやり過ぎて中学校では叱られてしまった。自分でも周りに関心を持たないことはいけないことだとわかっている。私は忙しく過ごすことを自分を守る盾にしていたのだと気がつきました。中学校の担任の先生は正しいことを言っていましたが、当時の私にとっては大事な盾を取られてしまったような気分でした。

大学受験では、地元の私立大学を受験しました。高校の先生に進路を相談すると「なぜ地元の大学にするのか」と聞かれました。明確な理由があったわけではありませんが私は実家から遠くの大学は視野に入れていませんでした。なんとなく家の事情を話して、親が心配だからと答えてみたところ、先生は「お母さんだって大人だから、あなたがいなくてもなんとかなるよ」と言いました。今思えば、親に縛られず、自分は自分のことをすれば良いということだったのかもしれませんが、当時は「先生はお母さんに会ったことないのに何言ってんのかな」くらいに思うことしかできませんでした。

私は当時付き合っていた人がいました。彼にもなんとなく母の話をしてみましたが、彼は小学生の頃に知的障害のある同級生に給食を勝手に食べられてしまった経験があるそうで、障害者のことをあまり良く思っていないようでした。

彼の両親は彼を溺愛していました。彼の部活の試合を毎回見に来て、ビデオに撮ってくれていたそうです。彼はそんな両親の愛情を一身に受けて育った人でした。彼は部活を頑張っていて、大学も部活を続けられる所を推薦で受験していました。部活に打ち込む彼の姿が好きでしたが、彼が活躍すればするほど自分は勉強も部活も何も頑張っていないように思えてきました。彼にとっては、部活で活躍するために日々努力できる環境があることがあたりまえで、その環境において努力しないことは怠けているという認識のようでした。

いつしか、彼や周りの同級生があたりまえに持っているものを私は持っていないんだ、私は欠陥品なんだとさえ思うようになりました。見た目には他の同級生と同じように見えているかもしれませんが、足りない部品がたくさんある私は人間の形をして教室の自分の席に座っているだけで精一杯でした。それでも他の人と同じように歩いたり走ったりすることが期待されているし、そうしなければ生きていけません。もし見た目から私が欠陥品であることがわかれば周りからの期待もなかったかもしれませんが、同時に他の人と同じように生きる権利もなかったと思います。

欠陥品の私は人並みになるために人より努力しなければと思い、中学生の時のように自分を忙しく追い込もうとしましたが、また周りに気を配れない自分に戻ることが嫌で、うまく努力できなくなっていました。そして、努力したところで私に欠けているものはこの先も手に入らないということはわかっていました。それは誰のせいでもないので誰を責めることもできませんでした。欠陥品の私は将来どうなるのか不安でした。もしこの先誰かと家庭を持つことになっても、きっとその相手や相手の家族があたりまえと思ってきた生活と、自分があたりまえと思ってきた生活はかけ離れていて、とても理解し合えるとは思えませんでした。

同じような話で、この頃の私はよく「川の流れ」を思い浮かべていました。人生や時間の流れが川のようになっていて、みんなその川を泳いでいくのですが、母にとってはその川の流れは速すぎます。泳げずに沈んでいきそうになっている母を助けようとするのですが、母を背負ったらさすがに自分も泳ぐのが大変で、なんとか沈まないようにもがいているようなイメージを持っていました。

母を置いてでも私はみんなと同じように川を泳ぎ進めていくのがいいのか、それとも母と一緒にここで沈んでしまったほうがいいのか。本当は母と一緒にもっと流れの遅い川を泳いで行けたら良いのかもしれないけれど、現実的にはそれはできないな、と思っていました。

「ノーマライゼーション」（障害者を含む多様な人々が社会に存在していることがノーマルな状態であるという考え方）が普及し、昔よりも障害者が差別をされることやハンデを負わなければならない場面は減ってきているのかもしれませんが、それでもやはり障害者が健常者と同じ生活をするというのはまだまだ不可能に近いと感じています。私は健常者なので、他の健常者と同じように生活をしていかなければなりませんが、母は健常者と同じように生活することは難しいです。健常者の私が障害者の母に合わせて生活するのも、学校に行ったり仕事に行ったりしながらだと難しいです。親子なのに住む世界が分かれているような感覚になることもあります。健常者の世界で生きている同級生とも、障害者の世界で生きている母とも、私は違う世界にいるような感覚で、私はこの世界に生まれてきて正しかったのか、欠陥品の私はこの世に存在していることが間違いなのではないかと思うことすらありました。

当時は学校の中の世界しか知らなかったので、同級生と自分を比べて悩みすぎてしまっていた部分もあるのかもしれません。学校というのは限られた地域の同年代を集めただけの場所に過ぎず「世の中に出ればいろいろな人がいるということが普通」ということが、ある程度大人になればわかるようになりますが、学校の中にいるあいだはそこだけが自分の知る世界になりがちだと思います。

その世界における「普通」と自分を比べてつらくなってしまう人はヤングケアラーに限らずたくさんいるのではないでしょうか。学生時代の私は、とにかく孤独でした。大人になってからヤングケアラーという言葉に出会い、同じような経験をしてきた仲間に出会って「一人じゃないんだ」とわかり、少し楽になりました。

ショッピングセンター

高校時代までの話とは変わりますが、私が今でも「普通」について意識してしまう場所は、ショッピングセンターです。ショッピングセンターに行くのは基本的には好きですが、時々いろいろなことを考えすぎて、なんだかやるせなくなる場所でもあります。

ショッピングセンターに行くと、よく子どもを連れた家族がいます。家族連れでお出かけしていると、普通は子どもが中心になると思います。子どもが行きたい場所に行き、食べたいものを食べ、子どもが安全にいられるように配慮すると思います。

しかし、我が家の場合はいつも母が中心になっていたな、と子ども連れの家族を見ると思い返します。家族の中で必ず誰かが母の面倒を見ていなければならなかったので、大体、私と父が遊びに行っている間に祖母が母を見てくれていて、父が祖母と代わってくれたら今度は私と祖母で遊びに行って、という具合で、なかなか家族全員で楽しく過ごすことは難しかったです。子どもが「あっちに行きたい！」「お菓子買って！」と言っている様子を見ると、私にもあんな風に振る舞うことができていた頃が果たしてあったのだろうか、と考えます。

ショッピングセンターにはたくさんのお店があって、中には所狭しと商品が並べられているお店もあります。外出先では歩行器か車いすを使って移動している母には入れないお店だな、好きなお店を自由に見て回れないのはかわいそうだな、と思う一方で、いや、母は別にそんなにいろいろ見て回って楽しめる人ではないから別にいいのか、とも思います。普通の母娘のようにおしゃべりしながらウィンドウショッピングを楽しめないのが残念だと思っているのは私だけか、と切ない気持ちになります。

タイムセールの声がかかると、人々は足早に向かっていきます。エスカレーターで走る人もいます。そんな中で、車いすで買い物をされている方や杖をついている高齢の方を見るとつい「何か配慮が必要かな」と思ってしまいます。知的障害があると思われる方が急に大きい声を出しているのを聞くと、びっくりしてしまいます。やはり健常な人が大多数の中で、そうではない人がいるとつい「違い」が気になってしまいます。

そして、私も一人の時は「健常者の側の人」と思われているかもしれないけれど、母と一緒にいたら「配慮を必要としている側の人」として見られるのかな、と思います。それは別に構わないし、むしろ理解を得られることはいいことなのですが「やっぱり、私と母は健常者の世界から見たら異質なんだよな」と再確認してしまいます。私がどんなに「普通」の母であって欲しいと願っても、世間一般から見ればそうは見えないし、きっと父にとっても「普通」の奥さんではないんだろうな、と思うと複雑な気持ちになります。

これから先も、日常の些細《ささい》な場面で「普通」との違いを感じて、気になってしまうことがあると思います。それでも、ヤングケアラーの存在が認知されていくことで、同志の存在をより身近に感じられるようになれば、寂しさも和らぐかなと思い、期待しています。

最後に

もし私と同じく、子どもの頃からケアをしている人がいたら、私は「あなたは一人じゃない」と一番に伝えたいです。普段、生活している中では、同じような経験をしている友達となかなか出会えない人もいるかもしれませんが、広い世の中には仲間がたくさんいるので、どうか自分だけがケアをしているわけではないと知っていて欲しいです。

自分はヤングケアラーではないという人には、ひとまず「ヤングケアラーと呼ばれる子どももいるんだな」ということを覚えていてもらえると嬉《うれ》しいです。今はまだ、ヤングケアラーが自分から周りに助けを求めることは難しいですが、ヤングケアラーは社会の中にあたりまえに存在していると認識されるようになっていくことで、ヤングケアラーの子どもたちも「自分だけじゃない、おかしいわけじゃない」と思い、生きやすくなると思います。

友達にヤングケアラーがいる人は、そのケア負担が心配で、なんとかその子の生活からケアを取り除いてあげる助けがしたいと考えるかと思います。ですが、まずはケアをしている友達がどうしたいかを大切にしてあげてほしいです。

冒頭に書いたとおり、ヤングケアラーはそれぞれ置かれている状況が違い、ケアに関する捉え方も様々です。ケアに時間を割いているせいで自分のやりたいことができないという子もいれば、病気の家族とできるだけ長く一緒にいたいのでケアを率先してやりたいという子もいます。「あなたはケアをやらなくてもいい」と言われて「ずっとそう言って欲しかった」と喜ぶ子もいれば「じゃあ誰がやってくれるの？ 私がしてきたことはやらなくてもいいことだったの？」と怒り出したくなる子もいます。

ヤングケアラーの気持ちは複雑なので、話を聞くのは大変かもしれませんが、根気よく話を聞いてもらえると嬉しいです。私自身も、母が好きで一緒にいたい気持ちと母が煩わしくて離れたい気持ちがどちらもありました。矛盾しているのは自分でもわかっていましたが、人に話すと「結局、どっちなの?」と聞く人をイライラさせてしまうことも多くありました。どちらも本当の気持ちなので、否定せずに聞いてもらえるとありがたいです。

過度なケア負担がある場合は別ですが、ヤングケアラーであること自体は必ずしも悪いことではないと思います。ヤングケアラーをなくしていこうとするのではなく、ヤングケアラーの子どもたちが、不利益を被ることなく、自分の意思の元にそれぞれの人生を歩んでいけること、また、ヤングケアラーの家族が過度に罪悪感を覚えずに済むことが実現できる社会になることを願っています。

第4章

ヤングケアラーをサポートする人たち

唯さんのお話、いかがでしたでしょうか？　唯さんは、大人になって「ヤングケアラー」という言葉を知るまでは、自分だけ周りの人と違うと感じ、「普通」との比較の中で孤独を感じていました。

ヤングケアラーたちは、自分が家族の世話をしていてそのために負担を感じていても、それを誰かに相談していない場合が圧倒的に多いです。唯さんは、先生や彼氏にお母さんのことは伝えていましたが、それでも、子どもや若者は自分のことに集中できるという前提で「がんばる」ということを捉えている先生や彼氏の言葉に、自分は違うんだなと思ってしまっていました。

でも、「ヤングケアラー」という言葉が広まり、子どもの中にも、大人が担うような責任を負って家族のケアをしている生徒がいるという認識が社会に少しずつ広まっていく中で、ヤングケアラーの孤独感やストレスを和らげたり、ヤングケアラーのしたいことを実現するために大人が一緒に考えたりしようとする動きも出てきています。最後の章では、もし、ヤングケアラーが相談するなら、そこからどんなことにつながっていくのかを見ていきたいと思います。

埼玉県での取り組み――ケアラー支援条例

ヤングケアラーへの支援は地域によって差がありますが、2021年11月現在、特に力を入れてヤングケアラー施策を打ち出しているのが埼玉県です。埼玉県では、「ケアをする人にもケアが必要」という考え方に基づいて、2020年3月に「ケアラー支援条例」を作り、その中でヤングケアラーへの支援が明記されました（図9参照）。

ここでは、18歳未満の子どもや若者が、家族のケアをしながらも自分の健康と成長と自立を確保していくことができるよう、支援をしていくことが記されています。特に第8条では、学校などの教育機関はヤングケアラーの意向を尊重しながら、教育環境が確保できているか、その健康状況や生活環境などを確認して、支援が必要かどうか把握に努める、と書かれています。そして支援を必要とするヤングケアラーからの教育や福祉に関する相談に応じ、適切な支援機関につなげたり、支援を行ったりするよう努めるこ

第3条
　3　ヤングケアラーの支援は、ヤングケアラーとしての時期が特に社会において自立的に生きる基礎を培い、人間として基本的な資質を養う重要な時期であることに鑑み、適切な教育の機会を確保し、かつ、心身の健やかな成長及び発達並びにその自立が図られるように行われなければならない。

第8条
　1　ヤングケアラーと関わる教育に関する業務を行う関係機関は、その業務を通じて日常的にヤングケアラーに関わる可能性がある立場にあることを認識し、関わりのある者がヤングケアラーであると認められるときは、ヤングケアラーの意向を尊重しつつ、ヤングケアラーの教育の機会の確保の状況、健康状態、その置かれている生活環境等を確認し、支援の必要性の把握に努めるものとする。
　2　ヤングケアラーと関わる教育に関する業務を行う関係機関は、支援を必要とするヤングケアラーからの教育及び福祉に関する相談に応じるとともに、ヤングケアラーに対し、適切な支援機関への案内又は取次ぎその他の必要な支援を行うよう努めるものとする。

図9　埼玉県ケアラー支援条例（2020年3月制定／一部抜粋）

とされています。

　このケアラー支援条例の下、埼玉県ではさまざまなヤングケアラー施策が始まっています。たとえば、埼玉県の高校や中学校でヤングケアラーについて当事者や解説者の話を聞いたりする授業（サポートクラス）が開かれたり、1か月に1回、ヤングケアラーがオンラインで自分と同じ立場の人と話ができる機会（オンラインサロン）が設けられたりしています。11月はケアラー月間と定められ、中学生や高校生に向けて「ヤングケアラーってなに？」というハンドブックも配られました。

ハンドブックには「家族の世話を頑張っているあなたへ」という欄があり、次のような文章が載っています（引用は高校生向けのハンドブックより）。

忙しい学校生活の中、大切な家族の世話を頑張っていることは素晴らしいことです。家族も周りの大人もきっと感謝しています。

それでも、友達と遊びに行きたい、部活動に参加したい、勉強や宿題をやる時間を確保したい。やりたいことがたくさんあって、時には家族の世話をすることがつらいと思うのは自然なことです。

家族の世話のこと、家族との関係、学校生活、将来の進路のことなど、自分一人では解決できない悩みを抱え込んだり、一人で解決しようと頑張り続けることはとても大変なことです。自分の気持ちを他の人に話すことはとても勇気のいることだと思いますが、あなたの悩みを聴き、共感してくれる大人は必ずいます。

　この冊子を読んで、自分の気持ち、悩みを周りの大人や大切な友人に話してみてください。きっとあなたの話を聴いてくれるはずです。


　ハンドブックには「話を聞いてもらいたくなったら…。」という欄もあり、その相手として挙げられているのが、担任の先生、部活の顧問の先生、保健室の先生、その他の先生、スクールカウンセラー、スクールソーシャルワーカー、家族のケアに関わっているケアマネジャー、ヘルパー、子ども食堂や学習支援教室のスタッフ、主任児童委員、民生委員・児童委員などです。

　勇気を出して話をしてみても、最初に話をした相手に「あ、違った……」と感じることもあるかもしれません。不安もあると思います。近すぎる人には話したくないと感じる部分もあるでしょう。また、話をしたからといって変わらないだろうと思うところもあるかもしれません。ただ、人に話すと、自分だけでどうにかしなければならないと感じていた時よりも広く情報を持つことができ、その中で選択肢が広がってくることもあります。

どういう人が話を聞いてくれる可能性があるのか、そのことで何が開けてくるのか。中学生や高校生にとって学校の先生以外の大人は見えにくいところもあり、なかなか話しにくいかもしれませんので、ここではそうした人たちがどういう仕事をしているのか、そしてその人たちが経験したヤングケアラー支援について、紹介していきたいと思います。

スクールカウンセラー――気持ちを受けとめてくれる存在

スクールカウンセラーは、学校の中で、主に心理という分野から、生徒の相談にのっています。

学校によって違いはあるかもしれませんが、スクールカウンセラーの多くは週に1～2回学校に来ています。スクールカウンセラーに話をしたいと思った時には、予約をして、たとえば何月何日の何時から1時間という枠の中で、学校の相談室（カウンセリングルーム）で話を聞いてもらいます。たとえ予約を取っていなかったとしても、空いていれば相談は可能です。

話を聞いてもらうことで、気持ちを整理したり、自分の考え方や認識の仕方の特徴について、一緒に考えてもらったりすることができます。スクールカウンセラーは、学校の生徒に向けて心の健康についての講演をしてくれることもあります。学校によっては、生徒が相談室に行くことが気軽にできるよう、休み時間に相談室でモノづくりをする機会を設けたりしています。

スクールカウンセラーには聞いた話を口外してはいけないという「守秘義務」があり、話したことが自分の許可なく他の人に知られることはありません。私がお話を聞いたスクールカウンセラーさんは、「人にどう思われるかとか気にせず、自由に話をして、こころを休める時間だと思って来てくれれば」とおっしゃっていました。

カウンセリングでは必ずしもケアの話をしなくても構いません。好きなアニメやアーティスト、Youtubeとか、たわいもない話をしていく生徒もいるようです。また、気持ちをリラックスさせる方法とか、怒りをコントロールするアンガーマネジメント、ストレスのかわし方といった話をすることもあるとのことでした。そのようにして、来てくれた生徒さんのエネルギーにつながる時間になればいいとおっしゃっていました。

また、別の心理士さんは「誰にも言えないような話を専門家に相談できることも、心の成長にとって必要なこと」とおっしゃっていました。たとえ多数派の価値観とは違っていたとしても、カウンセラーはそうした個人の話に丁寧に耳を傾けることを大切にしています。

実際のところ、ヤングケアラーがスクールカウンセラーにつながるのは、最初は不登校の問題だったり、欠席や遅刻が多い、体調が悪い、単位が足りなくなりそう、といったことがきっかけで、そんな話をしているうちに、「実は他の人に話したことはないんだけれども……」と家族の話が出てくることがあるようです。家族への思いと自分のことをしたいという思いに葛藤しながら、限られた時間や体力を前にどうしていいのかわからず、不安や無力感を抱えている時、カウンセラーと話をして自分の願いや気持ちを吐き出すことは、家族とのバランスをどう取っていけばいいのか、自分の中ではどうバランスを取るのかを整理していく手がかりにもなります。

スクールカウンセラーは、子どもの権利という意識も持ちながら、丁寧に話を聞き、その気持ちに寄り添って、その生徒が何をどうしたいのか決めていくことを手助けしてくれます。そして必要な時には、本人の承諾を得た上で、専門機関などにもつなげ、応援してくれます。

スクールソーシャルワーカー――環境を整えるためのサポート

福祉の専門家であるスクールソーシャルワーカーは、学校にずっといるというよりは、要請に応じてさまざまな学校に行き、生徒の話を聞くことが多いようです。スクールカウンセラーが学校の中で活動するのに対して、スクールソーシャルワーカーは、生徒の家に行ったり、ヤングケアラーがケアしている家族の医療機関に行ったり、地域の支援機関に行ったり、学校の外にも多く出かけていって、いろいろな橋渡しの調整をすることができます。
スクールソーシャルワーカーは、心理だけでなく、福祉などの仕組みにもつなげて、家庭のおかれている環境を整える働きをします。あるスクールソーシャルワーカーさんは、不登校ということでつながった子がヤングケアラーだった例について話してくれました。

不登校だから家庭訪問をしていたんだけど、その子はお母さんの面倒を見ていたんですよね。面倒を見るために不登校になって。ある日、「教科書を全部焼いた」って話をしてくれたんですよね。「なんで焼いたの?」って聞くと、「未練が残るでしょ?」って。「教科書が手元にあったら学校への未練が残るから焼いたんだよ。でも、1冊だけ残したんだ。それは国語の本なんだ。僕は小学校の頃から音読が好きだから、これだけは残したんだ」って話してくれて。

（中略）

その子が中2から中3になる時に、「僕は学校はあきらめたし、高校も行かないんです」って言うから、「なんで？」ってきくと、「僕の親戚はみんな（高校に）行っていないから、僕だけ行くわけにはいかないんだ」って。あとあと、児童相談所や子ども家庭支援センターの人に聞いたら、「お母さんが「片時も離れてほしくない」と（子どもが）小学生のころから言っているから、お母さんに遠慮してのことなんだろう」って。自分の希望もチャレンジする前にあきらめちゃうんだなって思ったときに、私の支援の目標も変わって。「お母さんの生活、親戚はこうしてきたけど、自分は自分の希望を叶《かな》えていいんだ」ってことを知ってもらうことが、支援目標になった。

何度も先生たちと打ち合わせをして、早々《はやばや》と進路の紹介をしていくんですよ。彼は閉ざしてばっかりだったけど、しつこくやっていたら、ある日、私のところに初めて彼から連絡が来て。支援に頼らない子だったのに。電話に出たら、「○○さん、お母さんが「高校くらい行っておけば?」って言ってくれたんだよ。だから高校に行きます。学校に戻ります」って。中2の終わりだったかな。「そう。私、校長先生に話すからさ、どう戻るか打ち合わせしようか」って言って。「○時に学校にスタンバイしているから、おいでよ」って言ったら、「わかりました」って。

その学校は職員室と校長室が2階にあったので、私や先生たちが2階のベランダで待っていたら、金髪をなびかせてチャリでやってきてね(笑)。私が大声で、「おーい!」って言ったら、向こうは照れ臭そうに「ぺこっ」って挨拶して。校長室に入ってきてから、校長先生が「君はどう生きていきたいんだい?」って聞いてくれて。(彼が)立派に答えられた時に、「この子は、どれだけのことを誰にも言わないで我慢してきたのか」ということと、「やっと解放されたんだね」って思って非常に嬉《うれ》しかったことを覚えていますね。何が動いて、お母さんが「高校行けば?」って言ったのかはわからないですけど。

このスクールソーシャルワーカーさんは、地域の学校で進路面談は第1回目が7月にあるところ、不登校の生徒などに対しては、4月か5月にその生徒だけのガイダンスをするよう学校の先生に働きかけていました。

「世の中にはこんな高校がある」とか、たとえば「午前中はお母さんの看病で動けないんだったら、午後から行ける高校もあるよ」とか。いろんなライフスタイルに合わせて、今は昔と違う通い方ができる高校が多いことを、ガイダンスと称して、先生たちから（生徒に）紹介してもらっています。そうすると、先生たちも、調べているうちに「そうなんだ！」ってわかるので。

まず「知らせる」ことをして、夏休みになればいくつか見学があるので、見学会を外さないように、スケジュールを立てていきます。「これはお母さん行ける？」とか、お母さんが行けそうにないのであれば、「じゃあ、私が一緒に行くね」「先生が一緒に行くね」とか。「その代わりに大人が一緒に行きます、あなたのために」

みたいな（笑）。「だから（これから）忙しくなるよね」って。細かく作っていって、秋・冬の進路決定にもっていく。

高校受験をあきらめてしまう中学生は思い描く高校のイメージも限られていることが多い中で、このスクールソーシャルワーカーさんは、いろいろな高校があることを先生に調べてもらって生徒に伝えてもらうようにしました。そしてそこから、具体的に学校見学などのスケジュールを立てて、必要であれば一緒に行って、中学生が進路決定をしていく手助けをしています。

別のスクールソーシャルワーカーさんは、スクールカウンセラーとしても働いた経験を持っている方でしたが、その方は定時制高校の相談室に週に3日いて、生徒が遊びに来てくれる中で話を聞くという感じだったと言っていました。

だいたい最初から、「私、ヤングケアラーです」ってきた子はあまりいない。少しずつ仲良くなる中で、「実はね」って話をしてくれることが結構ありました。
定時制は週に3回ほど行っていて、学校に丸一日いたので、いつも学校にいる配置型のパターンだったんですけど、その中でお話を何人も聞いた。定時ってそういう子多いので、話を聞いていたという形で。私が個人的に話を聞いて、仲良くなる時間が過ぎていって。（子どもに）大変なことが起きたり、大きな困りごとが出たときに、養護教諭（保健室の先生）とか、場合によっては市役所とかの生活保護の担当や子育ての担当の方と、必要に応じてつながっていったのが結構あって。

（中略）

ヤングケアラーの子たちって、関係ができてくると、お菓子くれたり、お礼のものを持ってくる子が結構いました。「かなり聞いてもらって悪いな」と思うのかわからないけど、何か返そうとしてくる子が多くって。日常的な場面で、おやつを分けてくれたり、自分が作ったものをくれたり。何人かいました。1人ではなくて。

このスクールソーシャルワーカーさんは、週に3日同じ学校にいたため、生徒の側も予約を取ったり遊びに行ったりしやすく、仲良くなってくる中で、「実はね」という打ち明けごとがなされていることがわかります。普段は話を聞くことが中心だったものの、何か困りごとが起きた時には、保健室の先生や、行政の生活保護の担当者、子ども子育て支援の担当者などと連携をして、その生徒の家庭をサポートしました。

スクールソーシャルワーカーにも、スクールカウンセラーと同様、「守秘義務」があります。ただ、スクールソーシャルワーカーは、生徒や保護者の話を聞いて必要な支援機関に「つなぐ」という役割も大きいため、カウンセラーの「守秘義務」とは少し違ってくるところもあるようです。

もちろん、スクールソーシャルワーカーも、話を先生や外部機関と共有するにあたっては、生徒の承諾をもらってから共有する形になります。「このことは、大人にも知ってもらったほうがいいと思う。○○ちゃんはどう思う？　伝えることで心配なことある？」などと訊《き》くそうで、この話をしてくれたスクールソーシャルワーカーさんは、この確認作業をすることを通して、生徒との信頼関係が深まることが多いと話して下さいました。

スクールソーシャルワーカーは、生徒に対してだけでなく、学校の先生に対して働きかけることもあります。学校の先生は、子どもや生徒のために何ができるか真剣に考えてくれますが、時には支援に熱くなりすぎてしまうこともあり、スクールソーシャルワーカーは、そうした先生たちの熱さが程良くなるよう、調整することもあります。

担任の先生が「ブワァー」ってやっちゃうから、私はそれをすごく止めて、裏で他の先生にも言って、あまり熱くならないように止めたり。それから、会議の中で、実際に子どもに関わってくれる人を決めた時に、「子どもが嫌がるんだったら、それ以上話さないように、ここを気をつけていきましょう」みたいな。支援の「熱さ」というか、「程度」を認識した上でやってもらったら、結果的に良かった。

これは私が話を聞いた元ヤングケアラーも言っていたことですが、先生たちが心配したり「何か困ったことない？」と言ったりしてくれることに対して、逆にヤングケアラーは引いてしまうこともあるそうです。大ごとにしたくなくて、「大丈夫？」ときかれると「大丈夫です」と言わざるを得ないこともあるようです。気持ちは嬉しいけれども、もっと普通に扱ってほしいと感じることもあります。そうした生徒たちの微妙な想いもある程度わかっているスクールソーシャルワーカーは、生徒と先生の間に立って、その温度調整をしています。

スクールソーシャルワーカーは、学校の内部の人ではないという「外部性」をうまく使って調整をすることもあります。学校の中だけでなく、必要に応じて家庭や病院やさまざまなところを訪問できるのも、スクールソーシャルワーカーの強みです。

スクールカウンセラーだと、校内でしか話せないですよね。でもスクールソーシャルワーカーにつながってきたときには、「私は出歩けるので、お母さんの一番いい場所で聞けますよ」ってお母さんに聞くんです。「学校でもいいし、教育委員会の部屋を取ってもらってもいいし、公民館を借りて話をすることもできるし。喫茶店には行けないけど、別の場所でもいいですよ」って言ったら、お母さんは「嬉しい」って言うんです。

私がお話を聞いたスクールソーシャルワーカーさんは、生徒や保護者にとって先生に話すのと同じになってしまっては、いくら専門性があっても意味がない、とおっしゃっていました。「専門職がいかに外部性を担保した上で、安心して話せるかということは、もっと考えなければいけないんじゃないかなと思います」。

別のスクールソーシャルワーカーさんは、学校に不信感を持っているお母さんと話をする時などにはその外部性を最大限に使い、「私は外部の人間だから、学校の悪口を言っても全然平気！」と言っているとのことでした。一方で、学校の先生には、「お母さんが学校にいらした時には「よく来てくれました」と声をかけて下さい」とお願いし、お母さんが学校で歓迎されているという気持ちを持てるように工夫しておられました。

いかに連携を取るかという課題

スクールカウンセラーとスクールソーシャルワーカーは、いわば、学校という場所で活躍する二大専門職と言ってよいと思います。心のことや内面のことを中心に学校の中で相談にのるスクールカウンセラーと、学校外でもさまざまな人と対話し必要なところにつないで環境の改善をはかるソーシャルワーカー。こうしたスクールカウンセラーとスクールソーシャルワーカーがそれぞれの専門性を活かしてどういうふうに連携していくかは、今、それぞれの現場で模索が進んでいます。

週に数回しか学校に来られないスクールカウンセラーやスクールソーシャルワーカーにどう効果的に動いてもらうか、保健室の先生や教育委員会の指導主事が、工夫して仕組みを作っているところもあります。

たとえば、「今月はこの日にこの学校に回ります」というスクールソーシャルワーカーのスケジュールを学校の保健室の先生が把握していて、生徒がスクールソーシャルワーカーの空いている時間を聞きに来た時に、「この時間空いているから、話したら？」とコーディネートしてくれるという学校もあります。保健室の先生が学校で生徒の状況を見ていて、適切なタイミングでスクールカウンセラーにつないだり、カウンセラーの話を聞いて学校で配慮したほうが良いことを担任の先生や校長先生や教頭先生と話し合う場を作ったりすることもあるようです。

地域によって違いはあるかもしれませんが、多くの場合、教育委員会の指導主事もスクールカウンセラーやスクールソーシャルワーカーと密接に関わっています。たとえばスクールカウンセラーとスクールソーシャルワーカーが学校に入る日を同じになるようにして、カウンセラーとソーシャルワーカーが対話をしながら活動できるように仕組みを作っている自治体もあります。

スクールソーシャルワーカーの中にも、学校に行った時にはカウンセリングルームに寄ってカウンセラーと雑談することを心掛けているという人もいます。生徒に対しては

「私たちも話を聞けるし、おうちにも行くし、子ども食堂に行ったりできるけど、カウンセリングルームというのが学校の中にあって、そこは誰にも聞かれずに話ができるから、お話とか気持ちをなんでも置いていっていいんだよ」と紹介することもあるそうです。

生徒の側にとっては、週に1~2回学校に来るスクールカウンセラーやスクールソーシャルワーカーは、どういう存在なのでしょうか？　私が話を聞いた元ヤングケアラーは、「普段から接している先生や友達には知られたくないけれど、2週間に1回とか来てくれる先生のほうが本音で話しやすい。ちょうどいい距離」と言っていました。毎日接している人だと、「〝大変な家の子〟と見られてしまうのではないかと思って、言えない」のだそうです。学校という場を使いながら、学校の先生とは違う立場で関わるスクールカウンセラーやスクールソーシャルワーカーが、ヤングケアラーとその家族が安心して話せる相手となり、生徒がしたいことを実現するための力になっていけたらいいと思います。

家庭でのケアが必要な人をサポートする専門職

スクールカウンセラーやスクールソーシャルワーカーは、学校という場を通して子どものことを中心に関わってくれますが、それぞれの家庭でケアが必要な人のために訪問してくれる専門職としては、ケアマネジャー、ヘルパー、訪問看護のスタッフ、保健師などがいます。

ケアマネジャーは介護支援専門員とも言い、介護が必要な人のためにどのようなケアの計画を立てて行けばよいか、介護保険などの制度に基づいて、ケアプランを立ててくれます。

介護保険制度というのは、65歳以上の人や、40歳から64歳までで特定の病気によって介護が必要になった人のために、介護にかかる費用を社会で分担していく仕組みです。介護保険の財源は税金と40歳以上の人が納めている介護保険料で、保険料は税金のように所得に応じて支払われています。

介護保険を使うには、まず、ケアの必要な人の要介護認定の申し込みを市区町村の役所に行います。要介護認定の結果は、要支援1―要支援2―要介護1―要介護2―要介護3―要介護4―要介護5の7段階に分けられ、この段階によって利用できる単位数が変わってきます。ケアマネジャーは、その単位数の範囲内でどういうサービスを組み合わせて使っていくのが良いか、ケアを必要とする人や家族と一緒に、ケアプランを考えてくれます。そして、そのケアプランを基にしてケアチームを作り、そのチームのマネジメントをします。

ヘルパーや訪問看護のスタッフは、こうしたケアプランに従って実際に家に来てくれて、生活援助や身体介護をしてくれたり、ケアの必要な人の健康状態を確認してくれたり、必要な介護を行ってくれたりします。

保健師は地域に住む人々の保健指導や健康管理を行うことが主な仕事です。精神疾患のあるお母さんを定期的に訪問して話を聞いたり、赤ちゃんの健康や障害のある子どもの状況について相談にのったりといった仕事もしています。

こうした福祉や医療の専門職の人たちは、ケアを必要とする人の状況をよく知っています。要介護者や要ケア者が暮らしていくための環境を整えることを仕事とする専門職は、家のことや家族の状況を把握してくれています。

ただ、今までの制度では、こうした専門職の人々は、ケアを必要とする人を中心に見て仕事をしなくてはいけなかったため、ヤングケアラーを家族介護の担い手と捉えてしまうこともしばしばありました。また、ヘルパーは、ケアが必要な人のための家事しかすることができないという規定があり、たとえばおばあちゃんの衣類の洗濯はしてもヤングケアラーやお父さんの衣類の洗濯はできない、ということなどもありました。

ただ、私がこれまでに話を聞いてきた元ヤングケアラーの中には、ヘルパーさんが個人的な厚意で、ヤングケアラーの分のごはんを作ってタッパーに入れて持ってきてくれたり、ヤングケアラーの体操着を持って帰って洗ってきてくれたり、ヤングケアラーの話を聞いてくれたりして、ヘルパーやケアマネジャーに支えてもらったおかげでおばあちゃんの介護を続けられたと語った人もいます。

ヘルパーやケアマネジャーは、本来、業務としては家族のためのそうした家事をしてはいけない立場で、それらの行為は隠れてしなくてはいけないことだったようです。しかし、訪問先のお宅で中心的な介護者となっているのが中高生で、明らかに余裕がない状態でいるのを目の前にした場合、若い子のために何かできることをしてあげたいと思う気持ちが出てくることもあるようです。

群馬県の高崎市では、ヤングケアラー支援の一環として、2022年度からヤングケアラーの中高生がいる家庭にヘルパーを無償で派遣する事業が開始されます。このように、ヤングケアラーを「介護力」とみなすのではなく、むしろ、子どもや若者が担う家族ケアの負担を減らそうとする方向で制度を整えようとする動きも進んでいます。

ヤングケアラーにとって、家の状況やケアを必要とする家族のことを知っていてくれる医療福祉専門職は、心強い存在でもあります。学校では家のことを話してよいのか躊《ちゅう》躇《ちょ》してしまったり、どう説明してよいのかわからなかったりする場合でも、家の状況を実際に把握していてくれる専門職は、ケアの必要な度合い、今後どのようになっていくと予想されるのか、そのことで家族にどのような影響が出るのか、そういうこともある程度わかった上で、ヤングケアラーの話を聞いてくれます。ケアに関するさまざまな情報や知識、選択肢を教えてくれることもあるでしょう。

在宅医療や介護に関わる専門職にとって、ヤングケアラーの話を聞いたり相談にのったり、家族の病気や状況についてヤングケアラーがわかるように説明したりすることが、個人の厚意ではなく、仕事の一部として認められるよう、さらに制度が整っていってほしいと思います。

そのほか、病院やクリニックなどの医療機関のスタッフや医療ソーシャルワーカーも、最近ではヤングケアラーのことを気にかけてくれています。少し勇気を出して、病院で働いている大人に相談をしてみるという方法もあるかもしれません。

地域福祉に関わる人たち

おそらく皆さんは、「子ども食堂」という言葉を聞いたことがあると思います。子ども食堂では、地域の人たちが自治体などの援助を受けながら、無料または安い値段で食事を提供し、子どもが一人でも食べに行ったり団欒《だんらん》を楽しんだりできる機会を作っています。

子ども食堂に関わっている人の多くは、子どもの力になりたいと思っている大人たちです。1週間に1度程度、来てくれる子どもや地域の人たちと食事をしながら話をすることを通して、子どもたちやその親の困りごとを知り、必要な援助をしてくれることもあります。実際、子ども食堂の中には、子どもの宿題や勉強をサポートする学習支援を行っているところも多くあります。もともとは食事を通したやり取りの中で、学校に行けていない子どもや、学校の勉強や受験のサポートを必要としているけれどもそれが得られていない子どものことを知ったスタッフたちが、地域の人や大学生などに協力してもらいながら、それぞれの子どもに合わせて個別に学習を支援する仕組みを作り、そのような学習支援の場が発展してきました。

地域には、学習支援教室として、さらに専門的な支援をしているところもあります。

中には、不登校の子どもの高校受験を支援したり、日本語が得意ではない外国人の子どもやその家族を言語や文化の仲介なども含めてサポートしたりするところもあります。学校教育だけではなかなか個別に対応できないところを、地域の人たちが、その子どもや家族の話を丁寧に聞き、その不安や困りごとについての解決方法を一緒になって考えてくれたりします。

地域の子ども食堂や学習支援教室には、民生委員・児童委員や主任児童委員が関わっていることもよくあります。民生委員とは、地域の住民同士の助け合いを進め、心配ごとを抱えている人の相談にのったり支援をしたりする人たちで、厚生労働大臣の委託を受けています。障害のある人、高齢の人、生活に困難を抱えている人、子育てや介護をしている人などの身近な相談相手になって、地域で安心して暮らしていくことができるよう、手助けをします。

民生委員は児童委員も兼ねていて、地域の子どもたちが元気で安心に暮らせるように、見守りや相談や支援も行っています。民生委員・児童委員の中には、主に子どものことを専門的に担当する主任児童委員もいます。子どもの相談にのる中で、必要に応じて、学校や保育園、学童クラブ、児童館、子ども家庭支援センター、児童相談センターなどとも連携したり協力したりして、子どもが安心して暮らせるように手助けしてくれます。

「どこに行けばそういう人に会えるの？」と思った時には、住んでいる地域の社会福祉協議会を探して行ってみて下さい。社会福祉協議会というのは、地域福祉やボランティアを推進するために活動している民間団体で、自治体とも密接に結びつきながら、人々が地域で安心して暮らせるための支援をしています。たとえば、新型コロナウィルス感染症の影響で収入が減って生活が困難になった人に対して無利子で資金を貸し付ける緊急小口資金などの申し込み先は、この社会福祉協議会になっています。災害が起きた時には、社会福祉協議会は災害ボランティアセンターを開設して、被災地でどんな支援が必要とされているかを調べ、被災地に来てくれるボランティアとマッチングを行います。

社会福祉協議会は、いわば、地域福祉の拠点となっているところですので、ここに行けば、地域の子ども支援に関わる人たちともつながれる可能性は高いと思います。ヤングケアラーにとっては、お金に関わることも重要な情報になってくることがあります。奨学金やさまざまな福祉の仕組みについても、ぜひ、こうした場で積極的に聞いて、情報収集をしてほしいと思います。

子どもの権利

この章では、ヤングケアラーが話をしたくなったら、どういう人がいるのか、実際にどんなやり取りがあるのかを、学校、家庭、地域という場に沿って、紹介してきました。最後にぜひ知ってほしいのは、「子どもの権利」という考え方です。

「子どもの権利条約」は1989年に国連で採択され、日本では1994年に批准されました。ヤングケアラーの状況が「子どもの権利」に照らして検討される時、しばしば守られていないことがあると指摘されてきたのは、「第2条　差別の禁止」、「第12条　意見を表す権利」、「第17条　適切な情報の入手」、「第24条　健康・医療への権利」、「第27条　生活水準の確保」、「第28条　教育を受ける権利」、「第31条　休み、遊ぶ権利」といった項目です。

たとえば、ヤングケアラーは子どもであるという理由で大人の介護者のようには扱ってもらえないことがあり、情報を求めて役所の窓口に行った時に「お母さんは？」と訊かれてしまうこともあります。話した内容を信じてもらえないこともあります。これは、差別を禁じた第2条や、自分に役立つ情報を手に入れられる権利第17条が充分に守られていない状況であると言えます。

第24条では、子どもは健康でいられること、必要な医療や保健サービスを受けられる権利があるとされていますが、ヤングケアラーの中には、ケアを担うことを通して自分の健康を損ねてしまう人もいます。介護する相手の体を持ちあげたり支えたりすることで自分の腰を痛めてしまったり、メンタルに影響を受けて鬱になってしまったりすることもあります。

第12条は意見を表す権利で、子どもは自分に関係のあることについて自分の意見を言える権利を持っています。しかしヤングケアラーは、家族の病気やそれが自分の生活にどのような影響をもたらすかについて、充分な情報を与えられて意見を言える状況にはとんどないと言われています。情報がないまま、必要に迫られて家族の世話をしなくてはならないヤングケアラーも珍しくありません。

ヤングケアラー支援の進むイギリスでは、1993年の時点で、ヤングケアラーの16の権利が提唱されました。

①（子どもであることやケアラーであることやその両方であることを）自分で決められる権利や選択肢
②ケアの受け手とは別に承認され扱ってもらえる権利
③話を聞いてもらえて、信じてもらえる権利
④プライバシーを保たれ、敬意を払われる権利
⑤遊んだり楽しんだり余暇を持ったりする権利
⑥教育を受けられる権利

⑦自分のニーズに基づく医療サービスやケアサービスを受けられる権利
⑧レスパイト（respite: 介護者の休息）を含め、実用的な支援やサポートを受けられる権利
⑨身体的または心理的に傷つくことから守られる権利（ケアの受け手の身体を持ち上げたりすることで自分の身体を痛めてしまうことから守られる権利を含む）
⑩自分の生活や自分の家族の生活に影響を与える決定がなされる時に、その話し合いに完全に入れてもらえて意見を聞いてもらえる権利
⑪自分や自分の家族の心配事について情報やアドバイスをもらえる権利（福祉手当やサービスや医療などに関する情報を含む）
⑫適切な専門知識を備え訓練を受けた人や機関に、他の人には知られないように紹介され、情報やアドバイスをもらう権利
⑬利害関係なく悩みを打ち明けられる人に、自分の意見を言ったり主張ができるようにしてもらったりする権利（友達のようになってくれる大人との活動（befriending）

や〝1対1の話し相手〟との活動（buddying）を含む
⑭自分のニーズや強さや弱さを完全にアセスメントしてもらえる権利（民族的・文化的・宗教的背景から来るニーズをきちんと認めてもらうことを含む）
⑮要請や苦情に対して効果が出るように対応してもらえる権利
⑯ケアをすることをやめる権利

この16の権利は、子どもとしての権利、そして家族の世話をするケアラーとしての権利の両方から、ヤングケアラーが何を求めて良いのかをしっかりと打ち出しています。ヤングケアラーの中には、「それはあなたがやることじゃないんじゃない？」とか、「自分の人生を考えたら？」と言われてしまった経験を持っている人もいますが、①の「（子どもであることやケアラーであることやその両方であることを）自分で決められる権利や選択肢」をどう守っていくかということは、本当に大切になってくる視点だと思います。

家族を思う気持ち、家族の面倒を見ること、そして自分自身のことをやっていくこと。多くのヤングケアラーは、そのバランスをどう取ってよいかわからず、葛藤しています。どれも重要なことだからです。

大人であっても、家族と仕事と自分のことのバランスをどう取ればよいかわからずに悩んでいる人もたくさんいます。ましてや、子どもが家族のケアを担うことがあるとあまり想定されていない環境で、まわりの理解を得られにくいヤングケアラーが、すべてをやるには時間や体力や気力が付いていかず、もがいてしまうのは当然であるとも言えます。

家族の世話をすることは大切ですが、ヤングケアラーが自分自身のことにも時間やエネルギーを使いたいと望むことは、決してわがままではありません。自分はどうしたいのか、その気持ちや望みを言葉に出してみることは、勇気のある一歩です。話しても伝わらないこともあるかもしれませんが、それでも、ヤングケアラーの力になりたいと思う人が増えている今、あきらめずに、自分はこうしたいという気持ちをぜひ伝え続けていってほしいと思います。

この章を読んで「もっと知りたい」と思った方、自分の住んでいる地域はどうなっているのかなと思った方は、以下の単語をウェブ検索してみると、さらなる情報が得られるかもしれません。ご興味のある方は、検索してみてください。

・ケアラー支援条例
・スクールカウンセラー
・スクールソーシャルワーカー
・守秘義務
・ケアマネジャー（介護支援専門員）
・ヘルパー（訪問介護員）

・訪問看護
・保健師
・介護保険
・医療ソーシャルワーカー

・子ども食堂
・学習支援教室
・民生委員・児童委員
・主任児童委員
・子ども家庭支援センター
・児童館
・社会福祉協議会
・子どもの権利条約

おわりに

近年、テレビやネットではヤングケアラーを扱った番組やニュースや企画が盛んに発信されています。国や自治体でも、ヤングケアラーの実態調査を行い、ヤングケアラーのための相談窓口やオンラインで話ができる場を作るなど、支援の仕組みを整えていこうと試行錯誤しています。さまざまな民間団体も、ヤングケアラー支援のために、お金や人を提供しようと動き出しています。この本は、ヤングケアラーの状況やその支援について、中学生や高校生にもわかりやすく知っていただくために、書かせていただきました。

私は、普段は大学教員として大学生を教えています。この本の中では、大学の授業で教えている福祉の仕組みや背景なども入れ込んで説明しています。ヤングケアラーの経験については、中高生に近い年代の元ヤングケアラーに自分の言葉でその経験や思いを書いてほしいと、髙橋唯さんにお願いしました。

私が最初に唯さんに会ったのは、唯さんが大学2年生の時。はじめてお話を聞いた時には、唯さんも、自分のケアの経験をどう語っていいのか戸惑っておられたのが印象的でした。「ヤングケアラーと呼ばれたくない」とおっしゃっていた唯さんは、なぜそう思ったのかを説明してくれました。自分の中にさまざまな思いが同時にあることを丁寧に言葉にしていく唯さんの文章は、いつも深い余韻を残してくれるように感じています。今回、唯さんが執筆をご快諾下さったことで、この本がより多くの方に読まれるようになるのではないかと思っています。

ヤングケアラーの相談について書いた第4章では、本当に多くの方にお世話になりました。元ヤングケアラー、臨床心理士、精神科医、スクールカウンセラー、スクールソーシャルワーカー、養護教諭、民生委員・児童委員、主任児童委員、ケアマネジャー、社会福祉協議会や自治体にお勤めの方々……原稿を読み、コメントをして返して下さった皆さまに、心からのお礼を申し上げます。本当にありがとうございました。

ヤングケアラーについて若い世代に向けて発信してきた大先輩としては、ＮＰＯ法人「ぷるすあるは」の活動があります。精神障害やこころの不調、発達デコボコを抱えた親とその子どもを支援する団体で、精神科の看護師さんやお医者さんが中心となって絵本やウェブサイトなどを作り、多くの人に理解を広める活動をしてきました。「ぷるすあるは」が運営しているウェブページ「子ども情報ステーション」では、自分自身ヤングケアラーだった看護師のチアキさんが、ヤングケアラーに向けて次のようなメッセージを出しています。

ヤングケアラーのみなさんへ

いつも年れい以上の役割をしてくれてありがとう。しんどい、こまった、わからない、もうイヤ……って気持ちになっていませんか？　そういう気持ちになることは当たり前なんです。大人の役割を引き受けることは大変です。むずかしいと思うけど、あなたの「しんどい」を大人の方にわたして下さい。大人の力を使って下さい。子ども時間はあなたのものです。大人がするべきことは大人にまかせて、子ども時間を自分のために使ってください。

大人になった元ヤングケアラーが子どもの頃を振り返り、今、ケアをしているヤングケアラーに向けて発したこのメッセージは、ヤングケアラーにとっても、ヤングケアラーを応援したいと思っている人たちにとっても、明確な方針を打ち出してくれているように思います。

子ども時間を自分のために使えるように。それが可能になる環境を作っていくためには何が必要なのか。若い人たちも大人たちも、それを考え続けていくことで、少しずつ、社会は変わっていくのではないかと思います。

二〇二二年二月

澁谷智子

＊この本を書くにあたっては、日本学術振興会科学研究費助成事業（基盤研究（Ｃ））「小学生時からケアを担ってきたヤングケアラーについての研究」（研究課題番号：２０Ｋ０２１６５）による研究成果を使用しています。

ちくまプリマー新書

369 高校生からの韓国語入門　稲川右樹

ハングル、発音、文法、単語、豆知識……Twitterでも人気の「ゆうき」先生がイラストをまじえてわかりやすく解説。始めるなら、まずはこの1冊から！

370 ガウディ【よみがえる天才6】　鳥居徳敏

歴史や自然に学び、幾何学を駆使してたどり着いた独特の建築様式は今なお新鮮だ。サグラダ・ファミリア聖堂やグエル公園はどのようにして生まれたのか。

371 はじめてのニュース・リテラシー　白戸圭一

フェイク、陰謀論、偏向、忖度、感性のズレ――情報はなぜ歪んで／偏ってしまうのか。ニュースの作られ方から、信頼できる情報の見分け方までを平易に説く。

372 問う方法・考える方法――「探究型の学習」のために　河野哲也

私たちは人生の中で出会う様々な課題を、見つけ、調べて、解決することが求められる時代に生きている。新学習指導要領の重要キーワード「探究」のためのテキスト。

373 勉強する気はなぜ起こらないのか　外山美樹

気持ちがあがらない、誘惑に負けちゃう。お困りなあなたにやる気をコントロールするコツを教えます。目標設定、友人関係、ネガティブ戦略など、どれも効果的！

ちくまプリマー新書

374 「自分らしさ」と日本語　中村桃子
なぜ小中学生女子は「わたし」ではなく「うち」と言うのか？　社会言語学の知見から、ことばと社会とわたしたちの一筋縄ではいかない関係をひもとく。

375 16歳からの相対性理論 ——アインシュタインに挑む夏休み　佐宮圭／松浦壮監修
なぜ光の速さは変わらないの？　どうして重力は物を落とすの？　時間は絶対的なもの？　物理学者の父親にヒントをもらって思考実験を繰り返す高校生の物語。

376 壊れた脳と生きる ——高次脳機能障害「名もなき苦しみ」の理解と支援　鈴木大介／鈴木匡子
脳に傷を負った当事者と、高次脳機能障害を専門とする医師が「見えない障害」とともに生きるためのヒントを考え抜く。隣の当事者さんと向き合うすべての人へ。

377 みんな自分らしくいるためのはじめてのＬＧＢＴ　遠藤まめた
恋愛における変なルール、個性を抑えつける校則、家族は仲が良くないといけない……。性の多様性を考えることで、「当たり前」から自由になれる。

378 生きのびるための流域思考　岸由二
かつてない量の雨が日本列島を襲っている。頭上の雨だけを見ていても水土砂災害は分からない。雨は流域で集められることを知って安全なところへ！

ちくまプリマー新書

379
リスク心理学
——危機対応から心の本質を理解する
中谷内一也

人間には危機に対応する心のしくみが備わっている。しかし、そのしくみには一癖あるらしい。感情と合理性の衝突、リスク評価の基準など、最新の研究成果を紹介。

380
自分をたいせつにする本
服部みれい

からだを温める。深く呼吸する。自分と打ち合わせをする。自分の年表を作る。体や心をたいせつにするワークで、自分の気持ちに気づいてなりたい自分になる。

381
心とからだの倫理学
——エンハンスメントから考える
佐藤岳詩

整形で顔を変えてしまってよいのか。能力や性格を薬によって変えることの是非は？　変化によってあなたと社会はどうなるの？　倫理学の観点から論点を提示する。

382
古代文明と星空の謎
渡部潤一

ストーンヘンジは夏至の日の出を示し、ピラミッドは正確に真北を向いている。古代人はどうやって計測したのか。当時の星空をシミュレーションして読み解く！

383
学校の役割ってなんだろう
中澤渉

忙しすぎる教員、授業への不満、役に立つ教育の要望。学校の様々な課題の背景を理解するために、あらためて学校はなぜあるのか、そして社会との関係を問いなおす。

ちくまプリマー新書

389
はじめての考古学
松木武彦
縄文土器が派手なのはなぜ？　古墳はなぜあんなにデカいのか？　言葉ではなく「モノ」からわかる真実とは？　新たな知と結びついたこれからの考古学の入門書。

390
バッチリ身につく 英語の学び方
倉林秀男
ベストセラー『ヘミングウェイで学ぶ英文法』著者が贈る、語彙・文法・音読・リスニング……ことばの「基礎体力」の鍛え方。英語学習を始める前にまずはこの本！

391
はじめて学ぶ環境倫理
——未来のために「しくみ」を問う
吉永明弘
エコで環境はよくなるのか？　なぜ生物の絶滅はダメなのか？　つくられた自然は偽物か？　身近な環境の疑問から未来に関わる問題まで、考えるヒントを教えます。

392
「人それぞれ」がさみしい
——「やさしく・冷たい」人間関係を考える
石田光規
他人と深い関係を築けなくなったのはなぜか——相手との距離をとろうとする人間関係のありかたや、「人それぞれ」の社会に隠れた息苦しさを見直す一冊。

393
2050年の地球を予測する
——科学でわかる環境の未来
伊勢武史
異常気象がほぼ毎年起こったり、伝染病の感染が拡大したり、シロクマが絶滅するかも？　そうなる前に、ほんのわずかな兆候に気づいて、対策することが大事‼

ちくまプリマー新書

394
デジタル社会の 地図の読み方 作り方
若林芳樹
地図を取り巻く環境はデジタル化で激変した。様々なタイプの地図を正しく読み解くだけではなく、情報発信／課題解決のツールとして使いこなすための入門書。

395
人生はゲームなのだろうか？
――〈答えのなさそうな問題〉に答える哲学
平尾昌宏
読書猿さん推薦！ ルールも目的もはっきりしないこの「人生」を生き抜くために、思考の「根拠」や「理由」をひとつひとつ自分で摑みとる練習を始めよう。

396
なぜ地球は人間が住める星になったのか？
山賀進
宇宙の進化の中で地球はどのようにして生まれたのか。地球が生命に適した環境になり、多くの生物が栄え、それらが地球環境を変えてもきた共進化の歴史を探る。

397
ようこそ、心理学部へ
同志社大学心理学部・編
犯罪から食欲、記憶から感情までを扱い、生理的仕組みを解明し日常的な行動の改良を目指す――。深くて広い心理学の多様な世界を講義形式で紙上体験する入門書。

398
北里柴三郎【よみがえる天才7】
海堂尊
日本の医学と医療の基盤を創った巨人の足跡をたどる本格伝記。医学研究とは、社会の衛生とは、感染症とどう戦うか――北里の残した答えは現代にも生きている。

ちくまプリマー新書402

ヤングケアラーってなんだろう

二〇二二年五月十日　初版第一刷発行

著者　澁谷智子（しぶや・ともこ）

装幀　クラフト・エヴィング商會

発行者　喜入冬子

発行所　株式会社筑摩書房
東京都台東区蔵前二－五－三　〒一一一－八七五五
電話番号　〇三－五六八七－二六〇一（代表）

印刷・製本　中央精版印刷株式会社

ISBN978-4-480-68424-0 C0236 Printed in Japan